公共施設
マネジメント
のススメ

悩める地方自治体職員のために

小松幸夫
堤　洋樹
池澤龍三

早稲田大学理工研叢書シリーズ No.28

建築資料研究社

はじめに──この本を手にとられた方へ

　この本は公共施設マネジメントについて書かれた本です。
　しかしながら、建築の点検や維持保全の方法とか法律や通達の話などにはほとんど触れていません。また公共施設のマネジメントについてのハウツー本でもありません。
　あるいは人口減少、少子高齢化、国や自治体の財政問題など、わが国で公共施設が問題視されるようになってきた社会的背景についても特に記述はしていません。
　本書をお読みいただく方々は、すでにそのあたりの事情は理解されていると想定しています。

　筆者らはこれまで数多くの自治体で公共施設マネジメントのお手伝いをしてきました。準備段階の自治体もあれば、かなり先進的な自治体もありましたが、いずれの現場でも感じたことは、自治体の職員の方々が基本的なところで戸惑っておられるのではないかということです。
　まず、公共施設マネジメントの担当になったが何をしたらいいのかわからない、というところから始まり、やっと施設白書をまとめたが次はどうするべきか、なんとか庁内をまとめて管理計画は作成したが、その先の見通しが立たない、などといった本音の話をあちこちで聞きました。
　そこで私たちは、公共施設マネジメントを進めていくためにはマネジメント論だけではなく、もっと基本的なところから説明を始めなくてはいけないのではないか、と思うようになりました。
　マネジメント全般について書かれた本は数多くありますし、PDCAサイクルの重要性はわかっているという方も多いと思いますが、マネジメントを実行に移すために必要な準備段階について解説したものは少ないように思います。

本書にはマネジメントの基礎となる情報の収集・利用の話や実行体制の構築、マネジメントを段階的に進めていくことの必要性とその際の考え方、用いるべき手法などについてが書かれています。また先進事例として知られている自治体の状況を、当事者でもあった筆者の一人が詳しく解説しました。これから施設マネジメントを始めようという場合、そしてすでにある程度まで進めているという場合にも参考にしていただけると思います。

　なお本書は、1章は小松と堤、2章および3章と7章を小松、4章を堤、5章と6章を池澤が主に担当しました。記述内容はそれぞれの執筆者の判断によっており、すべてにおいて互いの整合性を取ったわけではありません。また将来にわたって正しい内容であり続けるかどうかもわかりませんが、現時点での問題意識を共有した執筆者それぞれの考えとしてご理解いただければ幸いです。

　公共施設マネジメントの問題は始まったばかりです。
　その進め方もまだまだ手探りの部分が多い状況なので、本書の内容もいずれ書き換えが必要になると思いますが、私たちが今お伝えすることが必要だと感じていることを書きました。
　皆さんと情報を共有しながら公共施設の問題を解決していけることを願っています。

小松幸夫

はじめに　この本を手にとられた方へ　　　2

1　なぜ公共施設マネジメントが必要なのか　9

1.1　スクラップアンドビルドの終焉　10
1.2　建物とマネジメントの関係　11
1.3　公共不動産と企業不動産の違い　13
1.4　固定資産台帳の存在　16
1.5　施設管理の管轄は総務省？ 国土交通省？　18
1.6　施設マネジメントは管理から企画へ　19

2　施設マネジメントと建物の長寿命化　23

2.1　マネジメントの視点から見た公共施設　24
(1) 公共施設問題の本質は財政問題　(2) サービスを生み出すための施設
(3) コストを明示することの重要性

2.2　マネジメントの進め方　29
(1) PDCAサイクルを回すために　(2) PDCAの前に必要なこと

2.3　施設マネジメントのポイント　34
(1) マネジメントの対象と範囲　(2) マネジメント期間の設定

2.4　公共施設の減価償却とは　38
(1) 資産として見た公共施設　(2) 公共施設は「マイナス」資産

2.5　建物の長寿命化の方策　43
(1) 建物の基本性能とは　(2) 建物を長持ちさせる条件
(3) 長寿命化に必要なこと

2.6　建物はどこまで使えるか　51
(1) 建物の寿命の推定方法　(2) 建物の耐用年数を決めるもの

3 情報管理の仕方　　　61

3.1 情報管理の必要性と方法　　62
(1) 昔ながらの施設台帳　　(2) 表計算ソフトを利用
(3) データベースソフトを利用　　(4) ASPによるクラウド利用
(5) 当面どうするべきか

3.2 収集すべき情報をどう選ぶか　　80
(1) 施設マネジメントに必要な情報
　❶ 台帳の作成方法　❷ 施設の属性　❸ 施設の履歴　❹ 施設の運用コスト
(2) 施設マネジメントに余計な情報
　❶ 他でわかる情報　❷ 利用するあてのない情報

3.3 施設情報の有効活用　　95
(1) データファイルの使い分け　(2) ベンチマーキングの活用

4 整備計画策定のための準備と作業　　105

4.1 整備計画策定の手順　　106
　PHASE 1　自治体全体の状況把握　　PHASE 2　全保有施設の実態把握
　PHASE 3　対象・近隣建物の機能分析　　PHASE 4　保有資産による再整備計画
　PHASE 5　近隣民間・自治体との連携

4.2 公共施設の複合化の考え方　　110
(1) 「供給」量を減らす必要性　　(2) 施設の集約・複合化の目的と手段
(3) 利便性から見た施設の集約・複合化　　(4) 個別整備から地域整備への展開

4.3 自治体全体の実情を把握する　　114
(1) 公開情報から公共施設を把握する　　(2) 人口推移から将来を予測する
(3) 財政データから自治体の実情を知る　　(4) 資産面から施設の状態を見る

4.4 財務諸表の分析手法例　　117
(1) 財務評価指標の概要
　❶ 回収度　❷ 健全化度　❸ 更新可能度　❹ 準備度
(2) 4つの評価指標による検討事例
　❶ 評価指標による財務諸表分析結果　❷ 他自治体との比較分析の効果

4.5 施設の状態を簡易的に把握する　　124
(1) 劣化の点検や診断の目的　　(2) 建築部位のチェックポイント
(3) 建築設備のチェックポイント　　(4) 管理者への問い合わせ方法

4.6 保有施設の評価手法例　　130
(1) 保有施設の再分類の方法
　❶ 施設の再分類とその必要性　❷ 「所管」×「利用」の活用方法
(2) 多角的な視点から見た簡易評価
　❶ 多角的に見た簡易評価手法　❷ 「管理者視点」から見た簡易評価
　❸ 「利用者視点」から見た簡易評価　❹ 簡易評価を用いた整備方針

4.7 施設評価を活用した整備案の作成　　　　　　　　　139
 (1) 基本構想を担う整備計画事例　　(2) 住民らとのワークショップ実施例

4.8 BCPから見た施設評価　　　　　　　　　　　　　143
 (1) 平常時と災害時の違い　　(2) 災害時に求められる施設マネジメントのかたち

4.9 土木インフラの評価手法例　　　　　　　　　　　145
 (1) 建物と土木インフラ　　(2) 土木インフラの評価手法例
 (3) 公共施設と土木インフラの統一評価

4.10「リバースデザイン」という考え方　　　　　　　149

5 公共施設マネジメントの実行体制　　　　153

5.1 地方自治の仕組み　　　　　　　　　　　　　　154

5.2 公共施設マネジメントとガバナンス　　　　　　155
 (1) 首長と地方自治体職員の役割　　(2) シンクタンクとタスクフォースの機能
 (3) 庁内プロジェクト会議の疲弊　　(4) 思考ベクトルを逆転する必要性
 (5) 組織だけではなく世代間に横串を通す

5.3 公共施設等総合管理計画の位置づけ　　　　　　162
 (1) 計画策定が目的ではない　　(2) 担当部局の庁内での立ち位置
 (3) 広域連携による取りまとめの可能性　　(4) 計画策定に関わるパブリックコメント

5.4 公共施設マネジメントのプロセス　　　　　　　165
 (1) マクロ的な情報把握　　(2) 新地方公会計制度との整合
 (3) すでに庁内にある情報の収集　　(4) 財務会計システム等との連携
 (5) データがつなぐ庁内横串化　　(6) 行政サービスの見直し
 (7) 固定概念からの脱却の重要性　　(8) バランス思考の重要性
 (9) マネジメントとアカウンタビリティー　　(10) 2層のエリアマネジメント
 (11) 次世代の自由度を上げるために

6 実例で見る公共施設マネジメント　　　187

6.1 水泳授業を民間のスイミングスクールに委託する　　188
 (1) 3.11がもたらした逼迫した状況　　(2) 客観的なデータの分析と暫定対応
 (3) 抜本的な解決策への模索　　(4) サービスの中身（機能）の検討
 (5) 立ちはだかる前例踏襲の壁　　(6) 複眼的思考からの発想の転換
 (7) 庁内オーソライズ過程からの突破口　　(8) 教育委員会の協力
 (9) 保護者への説明責任

6.2　できる公共施設整備から展開する　　198
CASE 1　インハウスエスコ事業の導入　　CASE 2　公園（広場）を活用した保育園改築事業
CASE 3　公民館の熱源改修 ESCO 事業　　CASE 4　消防署の減築耐震改修事業
CASE 5　保育園改築に絡む面整備事業　　CASE 6　施設維持保全マニュアルの作成
CASE 7　志津公民館等複合化事業

6.3　入口戦略と出口戦略の視点から見る　　211
（1）管理体制（入口戦略）の状況
❶ 情報管理体制の段階　❷ 組織執行管理の段階　❸ 財務管理体制の段階
（2）実施体制（出口戦略）の状況
❶ 量（総量管理）と質（施設管理）の視点　❷ 計画と実行の視点
（3）公共施設マネジメント推進体制の全体像

7　公共施設マネジメントの今後の展開　　221
（1）危機意識の共有　（2）自治体規模に応じた戦略　（3）住民の理解
（4）学校施設の活用　（5）まちづくりの視点

コラム 1　コンピューターの威力　　99
なぜコンピューターはすごいのか／コンピューターに計算をさせる方法

コラム 2　林業とリバースデザイン　　151

コラム 3　自治体職員の独り言　　177
大規模地震から学ぶ公共施設マネジメント
自治体職員 vs 地域住民からのシフトチェンジ
減点（ネガティブ）評価から加点（ポジティブ）評価へ
18 歳選挙権と世代間の引き継ぎ／公共施設マネジメントの 5 つのキーワード

コラム 4　施設整備の核となる学校施設　　219
公園化やポケットパークの発想／学校施設台帳の有効活用

コラム 5　公共施設マネジメントの支援体制の構築　　234
なぜ公共施設マネジメントが進まないのか
持続可能な地方自治体のビジョン

あとがき　　238

参考文献　　242
著者紹介　　245

1

なぜ公共施設マネジメントが必要なのか

1 なぜ公共施設マネジメントが必要なのか

1.1 スクラップアンドビルドの終焉

「老朽化」施設を放置すれば、使えない施設がそこら中にあふれかえる

　2015年は日本の敗戦から70年の節目の年であった。敗戦直後の経済的困窮状態から朝鮮戦争特需による好景気、その後の所得倍増計画と高度成長、さらにバブル崩壊やリーマンショックなど日本の経済はまさに大きな変動の連続であった。1960年代から70年代にかけてはまさに日の出の勢いだった日本経済であるが、2000年を過ぎるころから落日の兆しが見えてきている。財政赤字の増大、人口減少と高齢化など、われわれは高度成長期の裏返しのような状況に直面しつつある。

　公共施設は1970年代に数多く建設され、それらが30年あるいは40年を過ぎて、いわゆる「老朽化」の状況に至りつつある。日本経済に勢いのあるころなら、古いものは建て替えることで問題を解決できたが、落日の状況ではそれもままならなくなっている。さりとて「老朽化」施設に何も手を加えないとすれば、使えない施設がそこら中にあふれかえる事態にもなりかねない。こうした状況は世の中にも認知されつつあり、総務省や国土交通省からは公共施設やインフラの管理計画・長寿命化についての通知が出されていることは、関係者の間では周知のことであろう。

　新築から時間が経った施設を何とかしなければならないことは共通認識になっているが、では具体的に何をどうすればよいかというと、よくわからない、という関係者が多いのも事実である。一般的には公共施設マネジメントを導入するということがいわれるが、ではその公共施設マネジメントとは何をするのかというと、十分に理解されているとは思われない。筆者たちが実際にそんな場面に遭遇することもしばし

であった。本書はそうした状況を打破するための一助になればと、公共施設マネジメントの基本的な部分をできるだけわかりやすく紹介することを目指したものである。

　公共施設というと建築の専門家が関わるものと考えがちであるが、実際には建築を専門としない事務系の職員が関わっておられることも多い。また「マネジメント」といっても具体的に何をどうするのか、戸惑いを感じておられる方も少なくないのではなかろうか。

　本書はそもそも施設マネジメントとはどういうことか、それを実施するにはまず何が必要なのかを述べている。さらに具体的な施設を対象としてマネジメントを実行する場合に必要となる基本的な技術、すなわち実行体制の構築の仕方や、施設や財政の状況を簡易に評価する方法などを解説するとともに、先進的な事例についても紹介している。施設やそれを取りまくさまざまな状況はそれぞれに異なるので、こうすれば公共施設マネジメントは必ず成功する、というような方法はあり得ない。しかしながら先進的な事例から示唆を受けることは多いはずで、それぞれが自らの状況に応じて何かをくみ取っていただければ幸いである。

1.2　建物とマネジメントの関係

建物の将来を想定し必要な手を打っておく「マネジメント的発想」が重要

　戦災復興から高度成長期まで、すなわち1950年代から1980年代頃までは、建築の世界の関心はもっぱら建物を新築することにあった。日本の経済力が増大するにつれ、必要とされる建物の量も2次関数的に増え続け、設計者や施工者は新築工事をこなすのに夢中であった。いささか言い過ぎではあるが、建物が竣工すれば設計者・施工者の関心は次の新築工事に移り、顧客に引き渡した建物がその後どうなるかは関心の外であったのは事実である。つまりそこにマネジメントが存在するという意識は、関係者の間にはなかったといってよい。日本の経済が成熟するにつれて、かつてのような大

量の新築建物は必要なくなり、同時に建物の質も向上してくると建て替えの必要性は減少する。また日本経済は、先に述べたように高度成長の後のバブルとその崩壊で長期的な不況に陥り、新築建物の需要はさらに落ち込むことになった。そのような状況では既存の建物をどうしていくべきか、あるいはその資産価値を保つにはどうするべきかということに一般の関心が移るようになり、例えばファシリティマネジメント（FM）やプロパティマネジメント（PM）が注目されるようになってきている。

もちろん過去においても建物の手入れはなされてきたし、そのための営繕や保全という業務も存在していた。しかしながら、担当者はともかくとして、当時はそうした業務の重要性を認識している人たちは少なく、年度末に予算が余ればついでに手入れをすればよいという程度の認識しかなかったように思われる。その背景には建物は古くなったら使えなくなるものであり、そうなれば建て替えればよいという、一種の「使い捨て」思想が蔓延していたように思われる。そのような状況であれば、建物の将来を想定して現在必要な手を打っておくというようなマネジメント的発想は育つはずもなかった。しかし、欧米では建物は100年や200年使うことは当たり前であり、日本の建物は異常に短命だと考える人々もいたことは事実である。建物には竣工後もマネジメントが必要であると認識され始めたのは、主としてアメリカから日本にFMの考え方が紹介されるようになった1990年前後と考えてよいであろう。さらにその後の経済バブル崩壊により、銀行が金融の担保に取っていた不動産が大量に不良資産化したことをきっかけに、不動産に対する考え方が大きく変化した。それまでは不動産、特に土地は値上がりによって利益を生むものであり、所有さえしていれば大丈夫な資産であるという認識があったが、それが崩れて、収益を考えて収益に対して価値が決まるという収益還元法による評価が普及するようになった。またその機会に導入された不動産の証券化という手法

> 建物は古くなったら建て替えればよい、という「使い捨て」思想が蔓延していた

が、プロパティマネジメントの普及を促進することになった。不動産の証券化とは、会社の株式のようにその価値を証券として分割し一般からの投資対象とするものであり、家賃などの収益を投資家に配分する仕組みである。例えていえば、不動産の経営を株式会社の経営と同じように考えることであり、その運営には透明性が求められる。そのために所有と資産の運用・建物の運営を分離することが必要となり、テナントの管理を含めた建物の運営に関わる部分をプロパティマネジメントと称して専門化している。そのプロパティマネジメントを専門的に行う会社は2000年以降数多く出現している。FMやPMの定義については関係団体が決めたものもあるが、まだ日本における歴史が浅いため、十分に定着したとは言い難いところがある。従って業務の内容も実施者によって千差万別であり一般的にこうであると述べるのは難しいが、共通かつ基礎的なことは比較的明確になってきているので、次項ではその部分について述べていくこととする。

1.3 公共不動産と企業不動産の違い

企業にとっての不動産はおおむねプラスの価値を持つが、公的所有の不動産は決してそうではない

　いささか古い統計だが、2010年の時点で日本の不動産の総額は土地が約1,200兆円、建物が1,300兆円を合わせて約2,500兆円で、そのうち企業が所有するものは470兆円、国や地方公共団体などの公的な所有にかかる不動産は約580兆円とされている。中でも地方公共団体は約426兆円の不動産を所有しており、公的不動産の70%以上を占めている（「PRE戦略を実践するための手引書」国土交通省より）。公的な所有の不動産が民間企業よりも多いことは意外に思われるかもしれない。なおこの資料では建物と土地の区分は示されていないが、全体では建物の評価額のほうが大きくなっている。公的な不動産でも同様の傾向にあると考えられるので、公的に所有されている建物は意外に多いということになる。

　個人で所有する不動産については、その管理や処分はすべ

CRE（Corporate Real Estate）：企業不動産

PRE（Public Real Estate）：公的不動産

て所有者の判断に任せられている。かつては不動産所有は富の象徴のように考えられていた時代もあったが、最近では空き家問題に見られるような負の側面も出てきている。所有することの責任が改めて問われる時代になってきているのは大きな変化である。このことは個人以外が所有する企業不動産や公的不動産でも同様であり、ただ所有すればよいという時代はとうに終わったといえる。ここで企業不動産（Corporate Real Estate を略して CRE という）と公的不動産（Public Real Estate を略して PRE という）について類似点と相違点を述べておきたい。

　まず類似点であるが、所有者が個人ではないということから、所有や管理に関わる意志決定者が外部からは特定しにくいということがある。実際にいろいろ調査をしても、不動産に関して誰がどのような権限を持っているかがはっきりしないケースも多い。特に建物に関しては、修繕や改修といった事柄を誰がどう決定し実行しているかが明確になっている事例のほうが少ないといえる。このような状況を踏まえて、施設管理あるいは施設マネジメントの必要性が強調されるよう

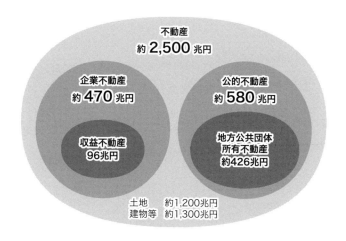

図1-1　公共不動産と企業不動産の資産価値

になってきたのである。

　両者の相違について、まず明らかなことはCREは営利の手段として所有されているのに対して、PREは営利は目的としないことである。第三セクター所有のような場合にはこの部分は曖昧になってくるが、これらはむしろCREとして扱うべきものであろう。営利の手段か否かは、その価値評価の問題と密接に関連する。企業が所有する不動産の価値がどの程度かは投資家にとって重要な情報であり、企業価値を決める重要な要素の1つである。かつて一部の投資ファンドが某企業の株式を買い占めて乗っ取りを図ったことがあった。実はその投資ファンドの狙いが経営権の取得ではなく、企業資産をすべて売却して収益を得ることにあったということで、マスコミの大きな話題になったのはまだ記憶に新しい。つまり株価の総額より総資産額のほうが大きければ、株式を買い占めた上で会社を解散させ、資産をすべて売却することで利益が得られるということである。不動産は企業資産の相当な部分を占めており、こうした事件の影響で、企業の持つべき不動産には適正な量があるということが認識されるようになってきた。特に過剰な不動産を抱え込むことは企業価値にとってはマイナスになりかねない、という認識が生まれ、CREマネジメントの必要が認識されるようになってきている。

　企業にとっての不動産はおおむねプラスの価値を持つが、公的な所有の不動産は決してそうではない。例えば地方公共団体が所有していた不動産を売却し、かつての購入代金と比較して収益があったとしても、それはたまたまそうなっただけで、収益を目的として売買しているものではない。もちろん逆のケースもあり得て、その場合の損失分は税金でまかなうしかないことになるので、これは避けるべき事態であることはいうまでもない。PREは行政の実施を含めてすべて公的なサービスを実現するためのものであり、所有により利益を得るような性格のものではないところがPREとCREの大きな違いであるといえる。むしろ所有することによる負担をい

かに小さくするかを考えなくてはならないことから、PREは公的団体にとってはむしろ「負の資産」であると断言してもよいのではないかと筆者は考えているが、これについては「2章」で述べることにする。要するにCREとPREの最大の相違は、CREは収益の向上を考えていくべきものであるのに対して、PREは負担の軽減を考えるべきものであるということであろう。

1.4　固定資産台帳の存在

現状では公共不動産の管理を行う体制が整っていない地方自治体が大半

　管理の視点から公共不動産と企業不動産を比べると、これまで企業不動産にあって公共不動産になかった情報の1つに、固定資産台帳が挙げられる。

　固定資産台帳は、土地・建物・機械などの固定資産や繰延資産を管理するために作成する帳簿であり、固定資産の種類別に分類した上で取得日・取得価額などの明細を記録し、減価償却が必要な資産に関しては償却額などを記載した台帳である。また正確な貸借対照表・損益計算書を作成するために必要となる重要な台帳であり、適宜実態調査などにより管理状況を確認し記載することが求められる。

　しかしこれまで地方自治体では、固定資産台帳は基本的に整備されていなかった。その最大の理由は、企業（民間）では複式簿記・発生主義（取引・事象の発生の事実に基づいて会計記録を行う）による企業会計であるのに対して、公共（自治体）では単式簿記・現金主義（入出金を歳入歳出の科目別に記帳する）による公会計であったことが挙げられる。つまり地方自治体は民間企業とは会計の仕組みが異なり、固定資産台帳を作成する必要がなかった。

　もちろん地方自治体がまったく台帳を整備してこなかったわけではなく、公有財産を管理するための公有財産台帳や個別法に基づく道路台帳などの各種台帳を備えている。しかし資産価値に関わる情報を収集していない自治体が多く、すべ

ての固定資産を網羅する台帳は基本的に整備されていなかった。そのため自治体経営の視点からは、現状では公共不動産の管理を行う体制が整っていない地方自治体が大半であるといえるだろう。

　この状況を変えるべく、総務省の「今後の新地方公会計の推進に関する研究会」で新地方公会計の検討が行われ、平成26 (2014) 年の報告書において「地方財政の状況が厳しさを増す中で、財政の透明性を高め、住民や議会等に対する説明責任をより適切に図ることの重要性が高まってきている。また、地方分権の進展に伴い、自由でかつ責任ある地域経営が一層地方公共団体に求められてきている。こうした中で、地方公会計の整備の促進を通じた財政の効率化・適正化の推進がこれまで進められてきたところである」と示されているよ

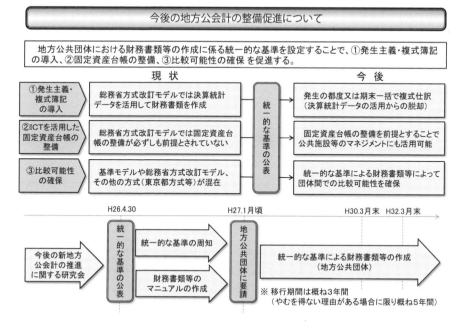

図 1-2　今後の地方公会計の整備促進について（総務省資料）

うに、公会計制度の見直しが検討され、企業会計とほぼ同様の複式簿記・発生主義が採用されることになった。予定通りにいけば平成30（2018）年度から全国の地方自治体で新公会計制度が導入・運用されることになっている。[図1-2]

　このように、ようやく公共不動産についても企業不動産同様にすべての固定資産を網羅する固定資産台帳が整備されることになり、自治体経営の視点から公共不動産の管理を行う制度が整うこととなった。あとは自治体職員がこの制度を有効に活用できるかどうかである。なお固定資産台帳をはじめとした財務・会計情報や施設情報の具体的な活用例については、本書「4章」を参照していただきたい。

1.5　施設管理の管轄は総務省？　国土交通省？

公共施設マネジメントの円滑な推進のためには、情報を統合し関係部局と共有する体制が不可欠

　新公会計制度の取り組みなど公共不動産の管理体制（ソフト面）については総務省が主導し整備が進められているが、公共不動産自体（ハード面）の整備・管理については国土交通省が担っている。また公立の学校については、教育委員会の管轄なので文部科学省が主導している。このように公共不動産の管理には多くの省庁が関わっているため、自治体財政と公共不動産を連携して管理することは一筋縄ではいかない。

　例えば国土交通省は一般財団法人建築保全センターを通して、営繕積算システム利用協議会（都道府県・政令指定都市）と共同で開発した保全情報システム（BIMMS）の提供を2005年4月から開始している。2016年9月現在、都道府県および政令指定都市以外の地方公共団体を含め90近い団体がこのシステムに参加し、公共施設等総合管理計画や中長期保全計画の作成、維持管理費の削減や施設の統廃合の検討などに活用されている。これまで全国の地方自治体が統一システムに施設情報を集約する仕組みは存在していなかったので、公共施設マネジメントに不可欠な情報システムとしてのBIMMSの意義は非常に大きい。しかし公会計のシステム

BIMMS（ビームス）：地方公共団体の施設保全情報を一元的に管理し、保全業務や施設計画を支援する。システムの基盤インフラ、データベース、アプリケーションは建築保全センターに集約し、インターネットを介してサービスを提供する

とは連動していないため、現時点では従来の公有財産台帳と同様の役割を担っているにすぎない。

　また総務省は、新公会計制度の導入促進のため、地方公会計標準ソフトウェア（固定資産台帳機能）を全国の地方公共団体へ無償で提供している。しかし経営的な自治体運営が実現しなければ、新公会計制度の導入を行う意味がない。固定資産台帳の整備は会計報告のためだけでなく、経営的な視点から活用されること、つまり固定資産台帳を用いて実際の公共施設の整備や管理が実施される仕組みを構築することが新公会計制度導入の本来の目的にかなうものであろう。

　では施設管理の情報管理はどこが管轄すべきだろうか。この答えは、地方自治体の状況や組織体制によって異なる。従来の組織体制を根本的に変えることはなかなか難しいし、ハード面が得意な部局とソフト面が得意な部局は別であることが多いが、公共施設マネジメントの円滑な推進のために情報を統合し関係部局と共有する体制は不可欠である。すでにいくつかの自治体では実現しているように、公共施設マネジメントを推進する横断的な部局を立ち上げることができれば、組織体制としては望ましい。しかし重要なのは、継続的な自治体経営に不可欠な情報や公共施設の整備の方向性について、部局を超えて共有・確認できる仕組みである。その仕組みづくりを推進するきっかけになるのが情報システムの共有であり、その基盤となる固定資産台帳の共有であろう。なお具体的な情報管理の仕方については本書「3章」を参照していただきたい。

1.6　施設マネジメントは管理から企画へ

コストの節減は運用段階より企画段階でどうするかを考えるほうが節約効果は高い

　公共施設マネジメントは、近年の地方自治体の財政悪化に伴い、バブル経済時に大量に建設された既存公共施設の運用の見直しや、維持管理・更新費の捻出という課題に立ち向かうために導入される場合も多い。しかし公共施設マネジメン

トは継続的な自治体経営に不可欠な活動であり、その対象は既存施設だけではない。今後の施設整備の方向性、そして公共サービスのあり方から改めて検討する体制が不可欠である。

仮に点検口がない施設が設計・建設されれば、運用時に点検するためには余計な費用がかかってしまい、適切な点検活動を実施することが難しくなる。そもそも地域や自治体に不要な公共施設であれば、その施設の設計・建設費（イニシャルコスト）に加え運用・管理費（ランニングコスト）は自治体財政の損失にしかならない。施設マネジメントでは現状の課題を解決することが求められるが、将来的な問題発生を未然に防ぐことも重要である。そのため、まずは公共施設の必要性自体を見直すことから始める必要がある。

なお具体的な施設整備作業は、大きく企画・設計・施工・運用（利用・改修）・解体といった順序の行程の繰り返しである。これは建物のライフサイクルと呼ばれているが、施設マネジメントを行う対象施設がライフサイクルのどの行程に位置するかによって必要な作業内容が大きく変わることから、従来の部局や専門を超えた総合的な対応が求められる。またライフサイクルをコストの節減という面から見ると、運用段階で行うよりも企画段階でどう対処するかを考えるほうが節約効果は高く、トータルコストが低くなる場合が多い。従来の公共施設マネジメントの作業は、運用段階が中心であったが、これからの公共施設マネジメントでは、公共施設の必要性を見直す企画段階の作業の重要性が高くなる。具体的な実施体制の要点や施設整備の進め方については本書「5章」および「6章」が参考になるだろう。

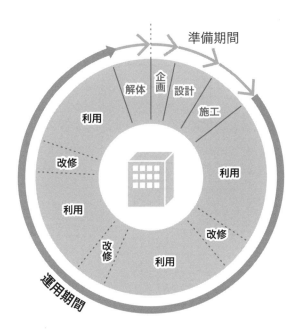

図1-3 建物のライフサイクルの概念

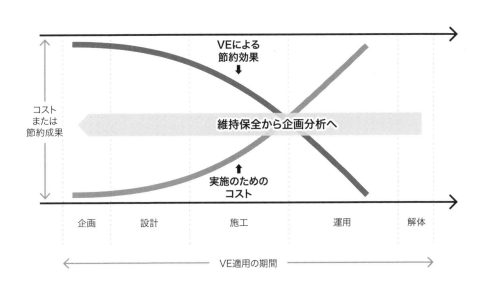

図1-4 VEによる節約効果と実施のためのコストの関係

1 なぜ公共マネジメントが必要なのか

2

施設マネジメントと建物の長寿命化

2　施設マネジメントと建物の長寿命化

2.1　マネジメントの視点から見た公共施設

「老朽化」は竣工後30年以上を経た建物について用いられる役所の用語

　公共施設はいうまでもなく公共サービスを提供するための施設である。代表的なものは庁舎や文化施設、集会施設等であるが、量的に最も多いのは学校である。日本が高度成長していた1970年前後には大量の施設がつくられ、それらのいわゆる「老朽化」が問題になり始めているのが昨今の状況である。施設には敷地があり、建物がある。ここで問題なのは建物であり、「老朽化」は竣工後30年以上を経た建物について用いられる役所の用語であると考えてよい。この「老朽化」については本章の後半で考えることにする。

(1) 公共施設問題の本質は財政問題

「30年で使い捨て」という前提が崩れてきている

　人口の減少や高齢化が国のかたちを少しずつ変えてきている。公共施設については「老朽化」に注目が集まっているが、維持更新の費用に着目すると、施設の過剰についても対応を迫られていることがわかる。総務省が公共施設やインフラについての将来費用を予測するソフトを配布しているが、それを使って試算すると、大半のケースで現状の予算レベルでは将来必要となる費用をまかなえないという結果が出てくる。これは従来の30年建て替えを前提としていた公共施設に対する扱いからすれば当然の帰結であり、費用のかかる施設の更新すなわち建て替えをできるだけ減らして、既存の建物を長寿命化しようということがいわれるようになってきた。長寿命化自体は悪いことではないが、こうした動きを見ていると、目先の問題に振り回され過ぎているようにも感じられる。以下に公共施設が問題視されるようになった経緯を筆者なりに整理しておきたい。

先ほど公共施設は30年建て替えを前提としていたと述べたが、これは戦後建てられてきた公共の建物（多くは鉄筋コンクリート造）の耐用年数を60年と想定して、その過半の期間が過ぎたら建て替えをしてもよいというルールがあったためと思われる。そのためか、役所では建物が築後30年を過ぎると「老朽化」したと呼ぶことが多い。こうした考え方が定着した背景には、1945年の敗戦から後の日本社会の激変が関係しているように思われる。敗戦当時は物資も乏しく、経済環境は今では想像もできないほど貧しかった。そのような状況下で建てられる建物は、必要最小限の機能をやっと満たす程度のものであったが、当時の人々にとっては素晴らしいものに映ったに違いない。その後朝鮮戦争の特需があって、日本の経済は最悪の状況を脱して高度成長へと向かっていく。経済力が付いてくると建てられる建物も機能や性能が良いものになってくる。かつてはなかったエレベーターや冷暖房装置が付いたり、規模も大きくなっていった。そうなると以前にやっとの思いで建てた建物が、人々の目には貧相に映るのはやむを得ないであろう。貧相な建物を長く使う気持ちは起きず、できるだけ早く建て替えたいという要望が強くなるのは自然の成り行きである。そうこうするうちに「古い建物は30年もすれば建て替えるのだから」という考え方が定着して、維持管理に余計な費用を使うのは無駄だということになったと想像できる。別の言い方をすれば、30年の使用予定でそのライフサイクルコスト（LCC）を最小限にするには、新築費用（イニシャルコスト）を最小限に抑えて、かつ運用に要する費用（ランニングコスト）も最小限にするのが最も合理的であるということになるが、それを実践してきたのがわが国の公共施設の姿であったといえる。いわばこれまでの公共施設は「30年で使い捨て」という前提で建てられてきたと考えてよい。この30年建て替えの前提が崩れてきていることが公共施設の問題の本質であり、それを突き詰めていくと、建て替えに必要な費用がまかなえなくなっている財政の問題と

いうことになるのである。

　建物が建て替えられる要因として、物理的な側面と機能的な側面があるが、物理的な限界すなわち構造的に劣化を生じて建て替えに至るという事例はあまり多くはなく、大部分の建物が機能的な理由から建て替えられている。特に1970年代あたりの高度成長期であれば経済的に余裕があったために、物理的には問題がなくても機能的な理由からの建て替えが多く行われていたように思われる。すなわちスクラップアンドビルドが繰り返され、そのために日本の建物は欧米に比べると短命であるという議論があった。スクラップアンドビルドの影響は現在の公共施設にも影を落としていて、「築後40年も経っているので建て替えなくてはいけないが、予算が取れない」というような議論を聞くことも多い。公共施設の諸問題を解決していくには、まずこのあたりから建物に対する認識を変えていく必要があるように思われる。すなわち、「30年経つと老朽化」というのは幻想にすぎないということであるが、この点については後に論じることにしたい。

> 「30年経つと老朽化」は幻想にすぎない

（2）サービスを生み出すための施設

　先ほどから「施設」と「建物」という言葉を何となく使い分けているが、ここで少し定義をしておきたい。まず「建物」は空間を囲う屋根や壁等を持った物理的な存在のことを示す。それに対して「施設」は建物を指すことも多いが、ここでは何らかのサービスを提供する存在であると定義しておく。つまり、公共施設とは建物があってそこで何らかの公共サービスを提供している存在ということになる。例えば学校は校舎や体育館といった建物を使いながら、教育というサービスを提供するものである。

> 「建物＝公共サービス」という発想からの脱却が必要

　一般に施設で提供されるサービスと施設が有する建物とは同一視されていて、建物の廃止はすなわち公共サービスの廃止と受け止められることも多い。このような見方では、公共施設の縮減は公共サービスの縮減と同等ということになり、

当然ながら納税者からはサービスが受けられなくなることに対する反対の声が上がることになる。建物を設計する段階では、建物が提供すべき機能を想定して、その機能をよく発揮できるように建物の形態や構造を考える。従って学校は教育という行為に適した空間構成につくられるし、また図書館は図書の収蔵や閲覧という行為に対応した空間構成にされていく。しかしながら、建物とそこで提供される公共サービスは必ずしも一体である必要はない。

公共施設の問題を要約すると、施設の建物の老朽化ないしは過剰の問題と公共サービスの需要と供給のミスマッチの問題となる。これらを一緒にしてしまうと問題が複雑化して解決の見通しが付けにくくなってしまうので、まずはそれぞれを分離して考えることが重要になる。多くの地方公共団体では公共サービスを提供する部署がその施設の建物も管理することから、建物とサービスの分離という認識が薄くなっていることがまず問題として挙げられる。サービス提供の方法を変えれば、建物は不要になることも多い。「建物＝公共サービス」の発想からの脱却がまず必要であることを強調しておきたい。

(3) コストを明示することの重要性

> コストをはっきりさせて公開するだけで、住民の公共施設に対する見方が大きく変わる

敗戦で何もなくなってしまった日本の都市では住宅も公共施設も建物はすべて不足しているのが常態で、新たな建設は住民にとっては歓迎すべきことであった。日本の経済の回復から成長が進むにつれて、多くの建物が建てられるようになり、建物不足による飢餓感のようなものは徐々に満たされていったが、建てることには熱心でも建てた後のことまではなかなか意識が届かなかったのが当時の状況であった。公共施設については、不足しているものを充足させるための建設が大部分ではあったが、中には首長や議員による選挙民へのサービスとしてつくられたものや、補助金があるなら使わなくては損というような理由で建てられたものもあった。建物を

新築すれば地元の建設業者が潤い、地元経済にもよい効果を与えることになるし、また住民も「無料」で使える施設が増えれば何か得をしたような気分になっていた。公共工事が景気振興策の重要な手段として使われてきたことは事実であり、そのために不要不急と思われるような施設までもがつくられてきたが、今になって悔やまれるのは、そこに使用時点でのコストに対する視点がまったく欠落していたことである。

　施設ができれば当然それを利用する人たちがいる。特定の目的を持った施設を除けば、公共施設は広く住民全体に開放されていることが本来である。しかし、実際に利用が始まると一部の住民が常連となり施設を独占するようなかたちになっている事例も少なくない。そのことが悪いわけではないが、施設に費やされる税金を負担する住民と、施設を利用する住民の間に不公平感があることは否めない。多くの納税者はこのことには気がついていないので問題が顕在化することは少ないものの、問題が存在しないということではない。問題が顕在化しない理由の1つに、情報が十分に開示されていないということがある。1つの施設について、毎年どのくらいの費用がかかっているかを明らかにしている地方公共団体はまだ少数にとどまる。所管の部局内部においてすら、運用に要する費用を個別には把握していないというところも珍しくはない。もちろん予算や決算のどこかの項目にはそうした費用が含まれてはいるが、個々の施設に分解してその費用を把握しようとすると容易ではないのが実情である。

　施設によっては特定の利用者のみが利益を得ることを懸念して、利用者負担を求めていることがある。この収益によって施設の運営や維持管理の費用がまかなえるのではないかという議論もあるが、実態を見ると運用コストに対して収入額はごくわずかでしかない場合がほとんどである。民間であれば収入とコストのバランスは非常に重要であり、採算が取れなければ対応を考えるのが当然だが、公共施設についてはこうした感覚が伴っていないことが多い。コストをはっきりさ

せて公開するだけで、住民の公共施設に対する見方が大きく変わる可能性もある。

2.2　マネジメントの進め方

「マネジメント」は達成するべき目標を自ら設定する

　マネジメントという言葉は日本語には翻訳しにくいが、わかりやすくいうとすれば「やりくりする」というあたりかと思われる。この言葉がわが国で一般的になったのは、P.F. ドラッカーの著作である『マネジメント』が出版されたあたり（1974年）であろうか。よく「管理」というように訳されることがあるが、管理という言葉には上から対象を見下ろしながら不適切な状況が発生しないように措置する、すなわち特定の状態を適切な状態とみなして、それを維持することを目的とするというような、やや静的なイメージがある。これに対してマネジメントはもっと動的であり、むしろ内的な調和を高めるために、状況を動的に変化させていくというニュアンスを含んでいるように思われる。建物についていうと、維持管理あるいは維持保全とは建物を特定の状態（多くは竣工時の状態）を理想として、現状をその理想状態に近づけるように努める行為といえるであろう。建物を使用する人間を含めて、周囲の環境が変化しないのであればこれでよいということになるが、実際には人間の要求は時間とともに変化し、それに従って建物に求められるものも竣工時点とは内容が変化していくのが常である。新築状況を理想としているだけでは、こうした変化には対応できないことは自明である。マネジメントにはこうした時間的変化にもダイナミックに対応するという側面が含まれている。一言でいうとすれば、維持管理では目標は外から与えられているが、マネジメントの場合は達成するべき目標を自ら設定していくというところに最大の違いがある。

(1) PDCAサイクルを回すために

> 問題を発見しその解決を目標とすることがスタート

　マネジメントについて書かれた書籍などには、必ずといっていいほどPDCAサイクルへの言及がある。いうまでもなくPはPlan、DはDo、CはCheck、AはActあるいはActionに対応しており、それぞれ計画、行動、確認、修正などと訳される。これはマネジメントという行為の本質を表しているとされ、まず達成するべき目標を立てて行動を起こし、その行動が適切であるか途中で確認し、もし問題があれば行動を修正して目標の達成に努めるということを1つのサイクルとするということである。このサイクルは当然ながら時限を設定するが、それは決して一度きりということではなく、時限を切った1つのサイクルが終れば次のサイクルに入り、このPDCAのサイクルを絶えず繰り返していくことがマネジメントであるとされている。別の言い方をすると、何か問題を発見しその解決を目標とすることがスタートとなる。次に期限までに問題を解決する（すなわち目標を達成する）ためにはどうするべきかを考えてそれを実行（行動）し、途中でその行動の成果が出ているかを検証（確認）して、もし問題がなければ行動を継続し、問題があれば行動を修正して一定期間内での目標達成に努力するということになる。

　言葉にすればこれだけのことであるが、いざこのPDCAを実行するとなると、事は簡単ではないし、どこかに模範解答があるということでもない。それぞれが置かれた状況に応じて、どのように目標を立てるべきか、その目標達成のためには何をするべきなのか、また目標の達成状況をどう具体的に表現し、評価するべきかということをすべて考えなくてはならない。同じような状況にある場合でも目標をどう設定するか、すなわち解決するべき問題をどのようにとらえるかによって、後の行動以降のプロセスが大きく異なってくる。理想を高く掲げればそれを達成したときの状況の改善は著しいものになるであろうが、同時にハードルも高くなる。どのように行動するべきか、あるいは組織全体をどのように動かして

PDCA
品質マネジメントの基本概念
P（Plan）：計画
D（Do）：行動
C（Check）：確認
A（Act/Action）：修正

いくのかについても相当の力量が要求されるであろう。逆に比較的達成が容易であるような目標を掲げるのであれば行動以降のプロセスで苦労することはないであろうが、目標を達成しても状況はほとんど変化しないというのでは、実行の意味そのものがなくなる。

> 現状を維持するだけでは今後想定される事態への対応として不十分

結局、マネジメントによってどのような成果が得られるかは、それを行う者（マネージャー）の判断能力や力量に依存しているのである。企業の経営はまさにマネジメントの粋であるといえるが、無能な経営者によるマネジメントの失敗が事業の破綻や倒産につながるとか、青息吐息の企業がカリスマ経営者によって起死回生の回復をするなどの話は、世の中にはいくらでもある。

施設マネジメントについてはあまり大仰な目標を掲げる必

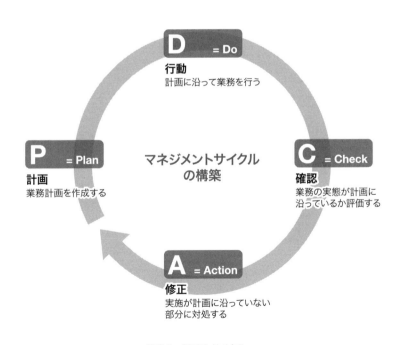

図2-1　PDCAサイクル

要はないと思われるが、それでも単に現状を維持するだけでは、今後想定される事態への対応としては不十分といわざるを得ない。どのレベルで目標を設定するかはその組織のあり方に深く関わることであり、トップレベルでの判断が求められるところであることは強調しておきたい。

(2) PDCAの前に必要なこと

　PDCAサイクルの目的は改善である。もし改善するべき課題あるいは問題がなければ、あえてPDCAを行う必要はないということになる。組織に何も改善するべき問題がないとすれば、マネジメントの役割は現在のルーティンワークが破綻しないように予防的な措置を取ることに尽きるであろう。ただし、問題がないということと問題が見つけられないということは同じではない。A社、B社という2つの企業があって、それぞれ数百種類の製品を製造し販売しているとする。ともにここ数年の売り上げは横ばいで推移していて、A社の経営陣は事業は順調で問題なしと判断した。他方でB社では、個別の製品の売り上げ高の推移を確認して、一部の製品については売り上げが落ちているので問題ありと判断した。この場合に企業経営という側面からは、A社とB社のどちらの判断が評価されるかは自明であろう。紙の伝票とソロバンで売り上げの集計をしていた半世紀も以前であれば、A社の判断は当然であったと思われるが、売り上げの推移をリアルタイムで知ることのできる時代ではあり得ないことになる。

　マネジメントの考え方の基底には「改善するべき問題は常に存在する」という認識があるといえる。もし問題を見つけられないとすれば、それは当事者が無能であるか、判断材料となる情報が不足しているかのいずれかが原因である。公共施設に限ってみると、問題の発見に至らないのは情報不足が原因である場合がほとんどである。特に施設にかかる費用の情報が未整理であることが多い。PDCAのサイクルの目標、すなわち達成するべき改善内容はできるだけ数値で示すのがよ

> 改善するべき問題は常に存在する

> 数値化された情報を収集し、いつでも分析できる状況をつくっておくことがマネジメントの基本中の基本

いとされている。「何々するように努力する」というような抽象的な目標設定では、当事者が「努力した」と言えば目標を達成したことになるが、本当にそうかどうかは客観的に判断することは難しい。例えばコストを10%下げるという具体的な目標であれば、サイクルの終わりにコストが何％下がったかを見ることで、設定した目標を達成できたか否かは容易に判断できる。具体的な数値目標を設定するに当たっては、まず現況を示す数値が必要である。数値化された情報、あるいはすぐに数値化ができる情報を収集し、必要なものをいつでも引き出して分析できるような状況をつくっておくことはマネジメントを遂行していく上での基本中の基本である。巷には多くのマネジメント書があるが、このようなことをわざわざ記載している例はあまり見ない。企業経営においては、企業活動に関するさまざまな情報を数値化して保有していることは極めて当たり前のことだからである。

　もう一点、PDCAを進めるに当たって重要なことは、誰がそれを進めるのかということである。企業であればそれぞれの活動には責任者がいて命令系統も明確であるから、マネジメントを誰が責任を持って行うかも自明のことである。しかし公共施設では所管の部署が庁内でさまざまに分かれていることが多く、予算や権限もバラバラのことが多い。そのような状況のままでは、公共施設全体を総合的にマネジメントしていくことはほぼ不可能に近いといえる。各施設の現場には一応責任者と呼ばれるポジションが設定されているが、そのポジションには予算執行をはじめとするさまざまな権限はほとんど与えられておらず、実態は単なる雑用係というところであろう。マネジメントとは与えられた職務を遂行するだけではないことは先に述べたとおりである。自主性をもって判断し行動することが可能になるためには、予算執行を含めた各種の権限を持つことが組織の中においては必須である。そのような権限を有する実行主体がマネジメントには欠かすことはできない。

> マネジメントには予算執行を含めた各種の権限を持つ実行主体が欠かせない

2.3　施設マネジメントのポイント

(1) マネジメントの対象と範囲

　施設あるいは建物をマネジメントするといってもその内容はさまざまである。ファシリティマネジメント（FM）という概念が日本に導入されたのは1980年代の後半だったが、それ以来施設や建物についてのマネジメントという考え方が拡大していった。現在流布している概念として、BM（Building Management）、FM（Facility Management）、PM（Property Management）、AM（Asset management）などがある。これらの用語は必ずしも施設や建物に限定されるものではなく、他の分野においても使用されることが多いが、その際には言葉は同じでも異なる内容を示す場合がほとんどである。特にAMは金融関係で用いられることが多いほか、最近では土木の世界で盛んに使用されるようになっている。道路や橋梁、上下水道などのインフラについて総合的な管理を行うことをアセットマネジメントと称しているようであるが、これは建築の世界でいうファシリティマネジメントに近い考え方のように思われる。施設や建物についてのマネジメントについて、筆者なりに簡単に整理しておきたい。

　まずBMは建物の物理的な環境を維持する行為といえる。主に清掃やごみ処理、警備、受け付け等の業務を総称していうことが多い。建物の点検やちょっとした修繕行為などもここに含めてよいであろう。次にFMであるが、日本の定義とインターナショナルな定義では若干の違いがある。日本では公益社団法人日本ファシリティマネジメント協会（JFMA）が代表的な組織として存在し、そこにおいてはFMを「企業・団体等が保有又は使用する全施設資産及びそれらの利用環境を経営戦略的視点から総合的かつ統括的に企画、管理、活用する経営活動」と定義している。これはFMをFacilityすなわち施設を対象とするマネジメントというよりは、さらに広い概念としてとらえた定義であり、経

BM
(Building Management)：建物の物理的な環境を維持すること

FM
(Facility Management)：人々、場所、進め方、技術を統合して生活環境の働きを確かなものにすること

PM
(Property Management)：投資用不動産のマネジメント業務

AM
(Asset management)：資産全体を管理すること

営的視点に立った総合的な活動としているところが特徴である。これに対してインターナショナルな定義、具体的にはアメリカのIFMA（International Facility Management Association）の定義ではもっと即物的なものになっている。"Facility management is a profession that encompasses multiple disciplines to ensure functionality of the built environment by integrating people, place, process and technology.（ファシリティマネジメントとは多様な分野を包括する職能であり、人々、場所、進め方、技術を統合して生活環境の働きを確かなものにする。）"公共施設を対象としてFMを考える場合には、後者の定義のほうが適切ではないかと筆者は考えている。

　PMおよびAMの概念は、2000年にわが国でも投資用不動産の証券化が可能になった時点で導入された概念である。PMのPropertyとは財産あるいは資産という意味であり、ここでは投資用不動産（賃貸ビルなど）を総称したものを指す。それらの資産に収益を上げさせるためのマネジメント業務全般がPMであり、通常の建物に対する維持管理のほか、テナントの管理や場合によっては賃貸価値を維持・向上させるための改修工事の実施なども含まれる。ただしPMの実施者（プロパティマネージャー）はこれらの業務をすべて自ら行うわけでなく、清掃や警備などの業務はBM業者に委託することが多い。あるいはPMとはFMにテナントの管理（Leasing Management）を合わせたものと考えればよい。またAMは所有者に代わって資産全体（Asset）を管理するもので、資産としての建物の購入や売却、改修などを行うが、保有する個々の建物の運用に関してはPM業者に委託することになる。公共施設のマネジメントではこのAM的な視点も重要になってくる。概念的なヒエラルキーとして整理すると、AMが最上位で広範な資産管理のマネジメントであり、その下に資産運用としてのPMもしくはFMがあり、BMは建物を対象とした直接的で具体的な行為の集積ということができよう。

> BMとAMの視点の違いを認識していないと議論がかみ合わなくなる

　施設マネジメントの議論をする場合、現場に密着した技術者はBMの視点を重視する傾向がある。建物の長寿命化や予防保全など、一つひとつの建物の維持管理を重視する姿勢である。その一方で経済学など文科系の有識者は、施設全体の保有量をどうするか、将来の財政状況に合わせた保有量の調整が必要であるなどという議論を展開することが多い。こちらはAMの視点といってよい。この違いを認識していないと議論がかみ合わなくなる可能性もあるので、例えば施設マネジメントの方向を決めるような場合には注意が必要である。お互いが先ほど述べたヒエラルキーを意識することが重要である。

(2) マネジメント期間の設定

> 予測可能な期間は、時代環境の変化の速さを考えると一世代30年程度が適切

　マネジメントの実行はPDCAのサイクルを繰り返すことであると述べたが、ではそのサイクルはどのくらいの周期で繰り返されるのであろうか。通常は年次あるいは年度で区切って考えるので1年ということが多いかもしれないが、これは短期のサイクルということになる。将来計画を作成する際に5カ年計画とか10カ年計画というように、やや期間を長くしたものを作成することも多いが、この程度の期間であれば中期といえるであろう。さらに長い期間、例えば30年程度を想定するのであれば長期計画ということになる。

　短期・中期・長期という概念は一般的であるが、具体的にどのくらいの時間を指すかについてはっきりとした定義はないと思われる。特に長期に関しては20年程度を想定することもあれば、100年というような期間を想定することもある。ここでは施設マネジメントということを念頭において、期間設定を1年、5〜10年、30年としたが、長期を30年とする点について若干の説明を加えたい。

　長期的な視点でものを考えることは大事だが、将来の予測を伴うことなので、どこまで予測ができるかを同時に考える必要がある。100年とか200年という時間を持ち出すことは

容易だが、100年先や200年先をどこまで具体的に見通せるかとなると非常な困難を伴う。このことを考えるために、視線を反転して現在から過去を振り返ってみることにする。現在を2017年とすると100年前は1917年、すなわち大正の半ばである。明治が終わり、大正デモクラシーと呼ばれる民主化や近代化の動きが始まった時期であるが、その後の軍国主義の台頭や敗戦、高度経済成長など日本の激変の時代の始まりでもあった。当時の人たちにとって今日のような日本の状況が予測できたかどうかはわからないが、変化の大きさを考えると想像の範囲は超えていたと考えるほうが妥当であろう。まして200年前ともなれば徳川幕府の時代であり、現代のような日本の片鱗すら想像できなかったと思われる。将来が見通せない状況であれば、無意識のうちにその将来は現在の延長と想定するであろうし、計画もその前提で行われるはずである。これでは実は何も考えていないのと同じになるので、あまりに長期にわたる計画の策定は無意味となる可能性が高い。では予測可能な期間とはどの程度かということになるが、時代環境の変化の速さを考えると、一世代くらいが適切ではないかと思われる。親から子への世代交代であれば、何となく変化についての想像はできそうであるし、それを年数に置き換えるとおよそ30年ということになる。また施設や建物にとっても30年という時間は意味がある。設備や内装・外装など建物を構成する部材が磨耗や劣化で物理的に使えなくなってくる時間であり、建物としては竣工から30年も経てば大規模な改修が必要になってくる。そのタイミングまでに施設や建物をどうするかを計画しておくことには十分意味があることであり、次のサイクルはその時点で改めて考えるようにすれば、より長期の持続性を維持することが可能である。

　計画というものは、長期的なものになると大局的な視点が重要であり、具体性はさほど必要ではないが、短期的なものでは具体性と実効性が重要になる。PDCAサイクルもまった

く同様で、短期のサイクル、例えば年次でサイクルを回すような場合には、目標はできるだけ具体的であることが求められる。他方で長期の PDCA を設定するとすれば、それは短期あるいは中期の PDCA のサイクルを繰り返すことで実現されるので、目標は大きな方向を示す程度でよいと考える。また短期や中期のサイクルを繰り返す中で、目標自体に修正が加えられていくこともあり得よう。中期の PDCA サイクルは、短期の PDCA の積み重ねで実現していくものであり、目標は長期と短期の中間的な具体性を備えていればよいのではないだろうか。

　短期の PDCA に抽象的な目標を設定すると、成果の評価が難しく実効性が伴わない可能性があることはすでに述べたとおりである。逆に長期の PDCA に過度に具体性を備えた目標を設定すると、予測できない状況の変化などで達成が困難になったときに破綻してしまう危険がある。マネジメントの推進には、このあたりの使い分けが重要になってくるように思われる。

> 長期の PDCA は中期の繰り返し、中期の PDCA サイクルは短期の積み重ねで実現していく

2.4　公共施設の減価償却とは

　公共施設にも企業と同様の会計方式を導入するとして、建物などの減価償却を行って資産価値を評価していこうとする動きがある。そもそも企業会計のための減価償却を公共に適用できるのか、すなわち企業と公共が同じ考え方に立脚できるのかということについては、戸惑いを感じることも多いのではなかろうか。本章では、前章でも簡単に触れた減価償却について改めて基本を振り返るとともに、公共施設における減価償却の概念について考えてみたい。

(1) 資産として見た公共施設

　減価償却とは資産の価値が時間の経過に従って低下する分を、会計の上で処理をする手続きの考え方である。例えば

1,000万円の製造装置を使用している企業があるとする。この製造装置は永遠に使用できるわけではなく、いずれは廃棄して新規の装置と入れ換えることになる。実際にはその企業にとって、製造装置はそれを使用している間は価値がある存在であり、廃棄する時点で価値を失うことになる（ただしスクラップとしての価値はここでは考えないことにする）。会計処理では現在価値を評価しバランスシートに記載することが基本である。先の製造装置については、例えば使用している間は1,000万円の価値があり、廃棄する時点で価値は0になるとする考え方もあるが、会計処理上は装置の価値は毎年減っていくものと考えることになっている。もし使用開始から10年で廃棄されるとすれば、毎年100万円ずつ価値が失われているものと考えることにするということである。これは定額法という考え方であるが、ほかに毎年一定の割合だけ価値が失われるとする考え方（定率法）が取られることもある。毎年減価すると考えるのは、収益とその収益を得るために要した費用をバランスさせることが企業会計にとって望ましいとする「費用収益対応の原則」によるものである。以上が減価の考え方であるが、では製造装置の減価した価値はどのように処理するかというと、「償却」という考え方を取ることになる。すなわち製造装置の減価分をいくらになるか計算して、それを「費用」として支出したと考えるようにするのである。費用とは収益に対応するものであり、収益が会計上のプラス分であるのに対して費用はマイナス分ということになる。単純化していうと、減価償却とは時間経過とともに価値が失われると考えられるもの（償却資産）について、毎年の減価分を費用に換算して経費とみなすということである。先ほどの製造装置についていうと、1,000万円の価値が10年で失われるとしたら、毎年100万円の減価償却を行うということになるが、企業はこの100万円をどこかに確保しておく必要はない。あくまでバランスシートの上での話であって、企業がわざわざ100万円の現金を毎年用意する必要はないのである。

企業会計においては減価償却費は経費の扱いになるので、最終的には法人税などの納税額に影響を与えることになる。例えば、先ほどの製造装置をある企業では10年で廃棄するが、使用頻度の高い別の企業では5年で廃棄するかもしれない。この廃棄に至るまでの年数が耐用年数であり、その設定の仕方によって毎年の減価償却の額が異なってくることになる。わが国ではこのことが税額の不公平を生じさせるという考え方から、耐用年数を一律に法律で制定している。これが「法定耐用年数」といわれるものである。企業はこの年数に従って減価償却の会計処理を行い、納税額を算出することになる。なお国際的な会計基準の考え方では、耐用年数はそれぞれの企業が独自の判断で設定することになっており、必ずしも一律の年数を採用するというものではないとされる。

　以上の議論は主に企業を対象としたものである。企業は利潤を上げることを目的とした存在であり、そこで使われる設備や機器類などを含めた資産は、直接あるいは間接に利潤を得るために使用され、生産財と呼ばれることがある。減価償却はこうした生産財を対象とした概念であり、その目的は生産を持続させることにあるということもできる。ひるがえって公共施設を考える。公共施設は当然ながら利潤を上げる目的で存在しているものではない。市民生活の利便性向上や安寧を維持するという広い意味での「利益」を上げることにはつながっているが、その利益を直接的に金銭で評価することは困難である。そのような存在である公共施設に、企業会計における減価償却の概念を機械的に適用して、現在価値を評価することには、筆者としてはかなりの違和感を禁じ得ない。そもそも施設の現在価値を評価することに何の意味があるのかという疑問を感じる。企業会計では出資者あるいは投資者に対して、企業の保有する資産の価値がどの程度であるかということを開示する義務があり、そのために厳密なルールに従って資産価値の評価が行われる。公共施設を含めた公共の財産についても、ステークホルダー、すなわち利害関係

> 公共施設に企業会計における減価償却の概念を機械的に適用して現在価値を評価することには、違和感がある

者としての市民にその現況を報告する義務があるということは、公的な会計についての考え方に含まれているものと思われる。企業の場合、もし企業が存続しなくなればその現有資産を処分して出資者への返済に充てることが想定されているため、出資者にとっては現有資産の評価が重要な情報になっているといえる。公共施設を所有する地方公共団体についてはこのような概念はなく、資産評価の意味をもっと市民の立場に立って明確にし、その評価方法を考えるべきであろう。減価償却を行うことの意味には、将来の資産の入れ換えに備えて資金を準備するということもある。先の例でいえば、企業は10年後に新しい製造装置を導入することになるが、減価償却で蓄積した費用を新規購入の費用に充当することができるという理屈である。実際には手元に資金が準備されているとは限らず、企業はその資金を融資を受けるなり、金融市場からの調達によるのが一般的であろう。地方公共団体の場合、公共施設の減価償却を行うとした場合は、むしろこちらの考え方によるほうが適切だと思われる。将来の建て替えや改修に備えて、そのための費用を準備しておくということである。そのためには従来とは異なる考え方を採用してもよいのではないか。特に耐用年数については、対象施設の使われ方などを勘案しつつ、より柔軟に設定されていくべきであろう。

(2) 公共施設は「マイナス」資産

会計的な側面での企業と地方公共団体の違いは何かとなると、最も大きな違いは利潤を上げるべき存在であるか否かという点である。赤字経営は企業、地方公共団体ともに悪であるが、黒字経営は企業にとっては善であっても地方公共団体にとっては必ずしも善ではない。もし持続的に黒字を続ける地方公共団体があるとすれば、その黒字分は税の引き下げにより住民に還元されるべきであり、そうなれば黒字は続かなくなるはずである。要するに地方公共団体は住民から集めた税金（国税および地方税）を効率よく使用して、住民の安全

> 企業の論理を安易に持ち込むことは百害あって一利なし

確保や福祉向上を目指すべき存在であり、そこに企業の論理を安易に持ち込むことは百害あって一利なしといえる。企業が投資をするのは、投資によって得たものを使うことでより高い収入を得るためである。投資した資金は増収分によって回収し、状況によっては投資した対象、例えば施設を売却すればさらに資金が回収できるということになる。公共の場合は投資を行うとしても、そこからの直接的な収入というものは期待できない。仮に利用料を徴収するとしても、支出に比べると微々たるものであることがほとんどである。すなわち公共の投資は支出一方であり、その資金はすべて税金すなわち住民の負担である。また投資対象を利用途中で売却するということも一般的には考えにくい。投資対象を施設ということで考えると、企業の場合には施設を取得するとその分だけバランスシートの資産が増えるが、取得用の資金を借り入れているとすれば負債の部分が増えて、全体での釣り合いが取れることになる。公共の場合は施設の取得が資産の増加になるとは言い難い面があるように思われる。例えば学校を建てそれを売却して資金を回収するようなことはあり得ないので、企業会計的な資産として見ることはむしろ不自然な印象がある。公共施設は公共サービスを提供するための手段であり、その取得はむしろ経費として考えるべきではないだろうか。投資資本の回収は、企業とは異なり、長期的あるいは全人類的な視点から評価されるべきものであって、あえて企業会計的な視点から判断するとすれば、費用のみが計上され利益のない状況であるということになろう。このように考えると、公共の会計は企業会計の裏返しのような性格を持っているように思われる。すなわち投資は原則として負債であり、資産は税収であって、バランスシートの資産総額の絶対値はなるべく縮小する（ゼロに近づける）ように努力するべきであるということになる。公共に経営という概念を適用するとすれば、その経営理念は資産を増やすことではなくして、いかに負債を減らしていくかということになる。また施設は存続してい

るだけで維持費が必要になるが、それは負債を増大させる一方であり、施設に関してはプラスの価値が減価していくというより、むしろマイナスの価値が増大していくと理解するべきなのではないだろうか。バランスシートの考え方として、それではマイナスが増える一方になるではないかという声もあろう。施設を建設した時点の「負債」は建物の価値ではなく、それに要した公債などに置き換えて評価することにして、公債の償却を進めることで、マイナスの価値を縮小していくと考えればよい。このような考え方は会計学的にはおかしな部分も多いであろうと筆者は思うが、少なくとも企業会計とは異なる考え方が、地方公共団体をはじめとする公共の会計には必要であると信じている。

2.5　建物の長寿命化の方策

(1) 建物の基本性能とは

> きちんと設計・施工された建物は、既存不適格の問題を除けば、構造面での性能劣化を懸念する必要はない

　建物には建物として本来備えるべき条件がある。これを基本性能と呼ぶことにする。まずは、きちんと自立していることが最低限の性能である。自立するということは、単に地球の重力に対抗して（自重に耐えて）というだけではない。特にわが国では地震や台風に対する備えが必要になるので、これらが襲来しても建物はそれに耐えて自立している必要がある。これらは耐震性能や耐風性能などと呼ばれている。建物の中でこうした性能を担うのは構造体と呼ばれる部分（法律では「構造耐力上主要な部分」といわれる）で、基礎・柱・梁・床版（スラブ）・耐力壁などがある。木造や鉄骨造の小規模な建物では、こうした構造体の劣化にも注意を払う必要があるが、ある程度以上の規模がある建物では部材自体も大きくなるので、もし材料劣化が生じたとしてもその影響はほとんどないと考えてよい。鉄筋コンクリート（RC）造の建物の場合、コンクリート内部の鉄筋が錆びてしまうと構造として成立しなくなる。鉄筋はコンクリートのアルカリ性により

錆から保護されているという関係があるので、コンクリートの中性化（アルカリ性が二酸化炭素の影響で失われていく現象）の進行具合が劣化の目安とされている。ただし中性化が進行してもそれが直ちに内部鉄筋の発錆につながるわけではなく、また中性化の進行の仕方も周囲の条件により大きく変化する。中性化が進んでいるというのは、人間でいうと例えば血糖値が高いので健康に注意せよ、というようなものと考えてよい。

　建物の構造上の不具合はあってはならないものであるが、もしそれが発見されたとしても、費用の問題を別にすれば、補修や改修で適切に対応できる場合がほとんどである。また不具合の発生は、木材の腐朽や鋼材の発錆など材料の経年変化によることもあるが、実際には施工時の不具合（施工ミス）に起因していることが多いように思われる。ただし施工ミスを後から発見したとしても、さかのぼって責任を追求することは困難であるため、現場では「経年変化」として処理されているのではないかと想像される。あるいは何をもって施工ミスとするかという判断についてもグレーゾーンの範囲が大きく、もし争いとなった場合には解決に長い時間を要することが予想されることも、不具合を経年変化として処理してしまう一因であろう。筆者としては、設計や施工がきちんと行われた建物については、既存不適格の問題を除けば、構造面での性能劣化について懸念する必要はないと考えている。なお念のため既存不適格について述べておくと、法律が改正されたことにより、竣工の時点では適法であった建物が現行の法律には適合していないという状況を示すもので、特に耐震性能について既存不適格の建物が問題とされてきた。公共建築についてはすでに耐震改修を終えて適法状態になっている建物も多いが、未改修のものについては注意が必要である。

　構造的な自立の次に建物が備えるべき基本性能とは、雨風をしのぐことである。そのうちでも特に雨に対する性能が重要であり、その役割を担っているのが屋根を仕上げている材

既存不適格：竣工の時点では適法であったが、法律が改正されたことにより、現行の法律には適合していない状況

料あるいは防水材料である。屋根については、屋根面が傾斜しているものとしていないものがあり、前者を勾配屋根、後者を陸屋根(「ろくやね」と読む)と呼び習わしている。勾配屋根は伝統的なつくり方であり、表面には瓦やスレート、金属板などが葺かれる。陸屋根については、ルーフィングと呼ばれる膜状の材料(防水材料)を敷きつめて防水を行っているが、これらは一部でも破損すると雨漏りにつながるという弱点を有している。また屋根の表面は日射にさらされ、雨が当り、冬の夜には気温以下に冷却されるなど、建築材料にとっては最も過酷な環境といえる。従って屋根葺き材や防水材料については、劣化の状況を確認しながら必要に応じて手を加えていくことが、他の部分以上に求められることになる。

> 屋根葺き材、防水材料は、劣化の状況を確認しながら必要に応じて手を加えていく

　また雨漏りという点で、屋根の他に気を付ける必要があるのは外壁である。外壁から雨漏りというと意外に思われるかもしれないが、トラブルとしてはよくあることである。風が吹くと雨は横に流され、建物の外壁面に直接降りかかるので、外壁の防水を考えることは建築設計では当然のことになっている。雨漏りのトラブルが多い箇所として、窓サッシと壁面が接する部分(サッシと壁の取り合い部分などという)がある。この部分については、工事中にサッシを固定した後に、壁体とサッシの間にある隙間(これはサッシの固定作業のために必要となる)を埋める作業が行われる。この隙間の埋め方が十分でないことがあり、雨漏りを招きやすくなっている。建物を点検する際には注意したい部分である。

> 屋根のほかに気をつける必要があるのは外壁

　最後に考えなくてはいけないのが設備である。建物は屋根・床・壁といったもので囲まれた空間が基本であるが、ガランとした空間だけがあっても実際には生活はできない。電気や水が使えて、暑さや寒さを感じさせないように冷暖房装置が設置されているなどは、現在では建物としての当然の条件になっている。建築の世界では、設備を空調、衛生、電気というように大きく区分することが多い。空調とは空気調和であり、冷房・暖房・調湿・換気などの設備を扱う。衛生は上下

> 定められた点検を行い、きちんと修理していくことで、基本的な性能は常に確保される

水道やそれに付随する設備機器を対象とし、電気は文字通り電気設備を扱う。さらに細かく見ると、防災設備や搬送設備（エレベーターやエスカレーターなど）というようなものも建築設備には存在する。一般に設備機器類は機械部品が含まれ、長期にわたって稼働させていると材料が減耗したり性質が変化したりして故障が多くなってくる。従って事故が起きないように、法律などで定期的に点検することが義務づけられているものが多い。定められた点検を行い、その結果から修理の必要があると判定されたものはきちんと修理していくことで、その基本的な性能は常に確保されるはずである。

(2) 建物を長持ちさせる条件

> 建物にある程度の融通性がないと、状況変化に対応できない

　長持ちする建物とはどういうものか。それを考えるために、逆に長持ちしない建物とはどんなものかを考えてみたい。おそらく、その条件から外れるものならば長持ちする可能性が高いということになろう。

　長持ちしないということでまず頭に浮かぶのは、「弱い」建物である。構造強度が十分でない建物とか、材料の劣化が早い建物などである。そこで連想されるのは木造の建物、特に住宅規模のものであろう。木は腐るのでもたないとか、木造住宅は地震でよく壊れるといった印象が日本人には強いように思われるが、過去の建物はいざ知らず、最近のものではそのような心配は不要になってきている。木材を腐朽させないための技術は進歩しており、法規に適合していれば耐震性能も確保されていると考えてよい。仮設としてつくられたものを除けば、この心配は一般の建物についてはあてはまらない。ただし、木造のイメージが変わるにはまだ時間がかかりそうではあるが。

　長持ちしないということは、その建物は長くは使われないということと同じである。長く使われない建物にはどういうものがあるであろうか。ひとつには、用途が限定されていて設計もその用途に特化した内容になっているような建物が挙

げられる。もしその用途そのものが不要になった場合、他の用途に転用できないとなれば、建物としては廃止せざるを得ないということになる。例えば施主の個人的な嗜好を反映して、意匠や間取りが世間離れしているような住宅があるとすれば、他人はそのままで住みたいとは思わないので売却もままならないであろう。建築家は発注者の要望に十分以上に対応するのが自らの誠実さの表れと考えるものであるし、また自分の抱いているアイデアをいつかどこかで実現させたいという欲望を密かに抱いているものである。その結果、出来上がった設計が非常に個性的なものになるケースも少なくない。建築設計の世界ではそうしたものをプラスに評価する場合もあるが、使う側からすると最初は良いが後になって困るというケースもあるやに聞く。建物にある程度の融通性がないと、使う側の状況変化に建物が対応できないという事態になりやすく、最悪の場合は建て替えということになる。

> きちんと手が入れられない建物は結果として長持ちしない

　あとは直したくても直せない建物も長持ちしないであろう。一般に設備機器は建物本体より寿命は短い。先に述べたように設備には機械系のものが多く、部材の磨耗や損傷による故障が必然だからである。そのようなものを建物の奥深くに設置してしまうと、竣工した後には交換ができないという事態に泣くことがある。設計する側としては、設備機器の類はあまり目立つところには置きたくないという心理がある。要するに設備機器は裏方であるべきで、できるだけ目に付かないようにしたい、また利用価値の高い表側の空間に置くのはもったいないということである。最近では見かけることはなくなったが、50年から60年前の建物では、配管をコンクリートの壁や床の中に埋め込むという設計が一般的であった。そうすることで配管のためのスペースが節約できるし、配管が目につかないきれいに納まるという理由である。これが20年、30年経過したときに、劣化した配管の交換ができないという事態を招くことになった。当面の対応としては、使えなくなった配管はそのままにして（建築用語では「ころす」と

いう）、別に新たな配管をむき出しのまま設置するという、醜悪なことをせざるを得ないビルがあちこちに見られるようなことになってしまった。結局そうしたビルはほとんど建て替えられてしまったが、きちんと手が入れられないものは、結果として長持ちしないということになる。

　以上のようなことがない建物といっても、これはごく普通の建物と変わるところはない。きちんと施工し、あまり奇異な意匠や間取り（プラン）ではないこと、また交換が必要な部品類は交換が可能になっているというだけである。建物についてことさらに長持ちを意識することは欧米ではあり得ないことのように思われる。欧米では建物は土地と同じという感覚があり、メンテナンスさえ怠らなければいつまでも使える、ということになっているようである。

(3) 長寿命化に必要なこと

> 「公共建築 30 年使い捨て」「新築信仰」からいかに方向転換するか

　建物の長寿命化の方策は簡単である。きちんと点検し、必要に応じて補修・改修を加えていけばよいだけである。とはいっても、これがなかなかできないというのが現状であろう。公共施設については特にその傾向が強いように思われる。役所では建物が竣工から 30 年を超えると「老朽化」というレッテルを貼る。その理由としては、耐用年数 60 年の半分を過ぎると補助金を受けた建物でも改築が可能になるためという説がある。「2.3 施設マネジメントのポイント」でも述べたように、30 年という時間は建物にとってはひとつの節目と考えられる。床や壁などの躯体（構造体）部分は別として、内外の仕上材料や設備機器類が交換の時期となるためである。30 年を経過した建物は、表面的には、つまり見た目には劣化が進んでいるように映る。また 60 年という「耐用年数」があって計算上の価値が半減するとなると、新築信仰が強いわが国では「建て替えるべき」という声が上がるようになる。また 1960 年代後半からの高度成長の時代であれば、経済水準の向上が著しくて少し古い建物は見すぼらしく感じられたし、

財政の余裕もあって建て替えに反対する声はほとんどなかっただろう。このようにして「公共建築は30年経ったら建て替える」という暗黙の了解が成立していた。それならば「建て替えるまでの30年の間に余分な費用をかけるのは無駄である」と考えるのは必然であり、修繕などは必要最小限にとどめて予算を節約するようになっていった。筆者はこの状況を「公共建築30年使い捨て」と呼ぶが、長寿命化が問題とされているのは、実はこの「公共建築30年使い捨て」からいかに方向を転換するかということに他ならない。大方の公共建築では、30年で建て替えるための予算が取れないので、やむなく長く使うようにすることが「長寿命化」として理解されているのではないだろうか。従来のやり方、すなわち30年使い捨てを前提とした使い方をそのままにして、建て替え時期だけを延長するとどうなるか。設備や仕上材、防水機能の劣化が進行して、建物としての基本性能が損なわれていくことになるのは明白である。そうならないためには、必要な修繕や改修を行い、より長期に使用できるようにしていくしかない。マンションなどでは定期的に大規模修繕、すなわち建物全体の徹底的な修繕と機能向上のための改修工事等を行って、その不動産価値を維持することがかなり普及しているが、一般の建物についても同様のことが望まれる。特に公共建築について見ると、長期の修繕計画を準備している事例は非常に少なく、大規模修繕を行っている事例も決して多くはない。

　長寿命化とは、建物に対して本来行うべきことをきちんと行うことに過ぎないのであるが、一方では建て替えを抑制することで費用の大幅な節約が可能になると考えられている節もある。建て替えをやめればその費用が節約できることは事実である。しかしその施設を廃止しない限り建物は必要で、しかもきちんと使える状態を維持していかなければならない。使い捨てを前提として放置されたままの不具合箇所の改修も含めて、既存の建物を大規模に改修することは必須となる。また今後は必要にして十分なメンテナンスを持続していくこと

建物の長寿命化は予算削減のための「打ち出の小槌」ではない

が求められ、そのための費用は決して少なくはない。大規模改修には新築費用の3割から5割程度、メンテナンスについてはおそらく従来の数割増、あるいは倍程度の予算を必要とするであろう。つまり建物の長寿命化は、予算削減のための「打ち出の小槌」ではないのである。

では財政が厳しくなる中でどうすればよいかということになるが、もし予算規模が縮小するのであれば、予算の対象となるものを減らしていくしか方法はない。公共施設マネジメントが必要とされる所以である。

また長寿命化に絡めて予防保全の重要性が強調されることがあるが、最後にその予防保全について一言触れておきたい。予防保全は故障が発生する前に兆候を察知して、必要な処置を講じるという保全の考え方である。「故障が生じる前に必要な処置を行うので費用が少なくてすむ」という論理でその必要性を説明されることが多いが、建物に限るとこれは必ずしも当てはまらない。経年変化などで故障が起きると、周囲に大きな2次被害、3次被害を生じるような性質のもの、例えば人命や事業の継続性に重大な影響を及ぼすような設備機器類では、予防保全により事故を未然に防ぐことで2次や3次被害のリスクを低減できるので予防保全は有効ということになる。建物でもそのような部分（例えば電源関係はその機能が喪失すると業務に重要な支障が予想される）については予防保全は有効であるが、さほど影響のないものについても予防保全が常に有効かどうかは疑問である。予防保全に対して、故障が起きた後に対応する保全を事後保全というが、もし2次被害がないとすれば予防保全でも事後保全でも修復に要する費用は変わらない。予防保全を徹底しようとすると、定期的な点検等によって故障の予兆を発見することが必要になるが、そのための人件費は事後保全に比べると増加することになる。また長期にわたって考えると、修繕間隔が事後保全よりも短くなるので、修繕の回数が増える可能性もある。不必要な部分にまで予防保全を徹底すると、かえって費用の増大

> 不必要な部分にまで予防保全を徹底すると、かえって費用の増大を招くことがある

を招く可能性があることは理解しておくべきである。

　では予防保全と事後保全の使い分けをどうすればよいかであるが、先に述べたように故障が発生したときのリスク（一般的には想定被害額と発生確率をかけたものと定義される）の大小を考え、リスクが大きいと思われる場合のみを予防保全とすればよい。

2.6　建物はどこまで使えるか

補修や改修を繰り返せば建物はいつまでも使うことができる

　ある建物が何年もつかという質問をよく受けるが、それに答えるのはなかなか難しい。筆者が常用する答えは「もたせようと思えば何年でももつ」というものであるが、そう答えると怪訝な顔をされることが多い。あえて法隆寺を引き合いに出すまでもなく、建物は補修や改修を繰り返していけばいつまでも使うことができる。建物が解体されるのは所有者や管理者が取り壊しを決めるからであり、災害を除けばよほどのことがない限り、建物が自然崩壊するというような事態は発生しない。そうはいいながらも解体される建物は多く、竣工から30年も経てば老朽化したということになって建て替えを検討するということがこれまで行われてきた。また耐用年数というものも存在し、耐用年数を越えると建物はもう使えないのではないかというような話を聞くことも多い。本章では実際に建物は何年くらい使われるのか、また耐用年数とはどういうものかを説明する。

　まず建物の寿命と耐用年数の違いであるが、まず建物の寿命とは建物が竣工してから解体されるまでの時間（年数）をいう。また耐用年数とは本来は財務省令に定められた「減価償却のための耐用年数」を指すが、より広く建物の使用予定年数をいうものとする。寿命は個々の建物によってみんな違うが、耐用年数（使用予定年数）は同種の建物であれば同じ数値が当てられることになる。

(1) 建物の寿命の推定方法

　ある建物の寿命、すなわちその建物が実際に存在した時間の長さを知ることはべつに難しいことではない。人間の寿命が生まれてから死ぬまでの年数であるのと同じで、その建物の竣工年と解体年がわかれば簡単に計算ができる。しかしながら数多く存在する（してきた）建物についてのそれを知ろうとすると、何らかの統計資料に基づかないと推計は不可能である。人間の場合は人口動態統計が整備されていて、それに基づいて平均余命などが計算されるが、残念ながらわが国の建築物に関してはそのような統計資料は存在しない。そこでいろいろな工夫がなされるが、ここでは区間残存率推計法による平均寿命の推計を紹介したい。

　区間残存率推計法とは、人間の平均余命（一般には平均寿命と呼ぶことが多い）の算定と同様の考え方に基づく寿命推計の方法である。人間の場合、年齢ごとの死亡率を人口動態統計から求めて、その死亡秩序（年齢ごとの死亡率の推移）に従って、人間の仮想の集団（同時に生まれたと設定する集団）が死亡していくとした場合に、得られる生存年数の平均を平均余命としている。別の言い方をすると、各年齢において生存確率（一定期間の後にどのくらいの割合で生き残っているか）を計算して、それを年齢の若いほうから順に掛け合わせていくと、生まれてから年を取るにつれて仮想の集団の人数が減っていく様子が推定できる。その集団の最後の人間が死ぬまでの集団構成員各人の生存時間を平均すれば、生まれてから平均して何年くらい生きられるかが推定できることになる。平均寿命とはこの計算方法で0歳の人間が平均的に何年生きられるかを示したものである。また0歳以外の年齢についても、その後何年くらい生きられるかを推定することは可能で、例えば20歳の平均余命は○年というような示し方をする。ちなみにわが国における2014年の推計（平成26年簡易生命表）では、20歳の男性の平均余命は60.90歳、女性は67.16歳であった。これは平均的に20歳の男性は80.9

近年、建物の平均寿命は延びている

歳まで、女性は 87.16 歳まで生きるであろうということを意味しているが、平均寿命で見ると男性は 80.50 歳、女性は 86.63 歳と微妙に異なっていることがわかる。

区間残存率推計法は、以上に述べた考え方を踏襲した方法である。筆者が行ってきた分析では、地方税である固定資産税のうちの家屋（建物）についての台帳を基礎データとして利用している。調査の方法は各市町村へのアンケートにより、家屋台帳に基づいた新築年次別の現存棟数と、1 年間の滅失棟数を家屋の種類別に収集し、家屋の年齢別の残存確率を求めて分析を行っている。わが国では昭和 20 年以降の家屋についての資料しか得られないことが多く、年齢ごとの残存率を計算しても途中までしか数値が求められないケースがある。また構造の種類によっては、比較的新しいものしか世の中に存在しないこともある。調査データから途中までの残存率しか得られない場合を考えて、筆者の場合は残存率が 50% になる時点をもって平均寿命とすることにしている。この点は人間の平均寿命とは異なっている部分である。またデータが尻切れになる状況を補完するため、信頼性理論というものを用いて、理論曲線の当てはめを行っていることも人間の場合と異なっている。

[図 2-2-1、2-2-2、2-2-3] に残存率曲線の例と主要な建物についての平均寿命を示す。

残存率曲線を見ると、木造専用住宅（戸建て住宅とみなしてよい）の曲線の落ち方が最も緩く、次いで鉄筋コンクリート（RC、SRC を含む）造の事務所、鉄骨造の事務所の順になっていることがわかる。これは木造戸建て住宅の平均寿命が非木造である RC や鉄骨の事務所用建物よりも長いことを示している。また鉄骨造の事務所用建物は、早期に残存率曲線が落ち込んでいるが、これは規模の小さい建物が多く含まれていて短期間で建て替えが行われているためではないかと推測される。

[表 2-1] は過去に行った同種の調査結果を比較したもので

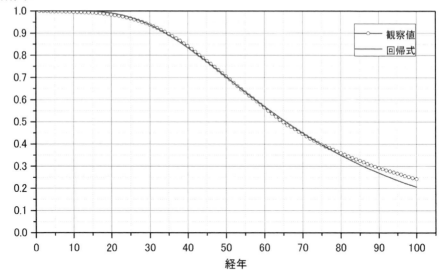

図 2-2-1　残存率曲線　RC 系事務所（60 年回帰）

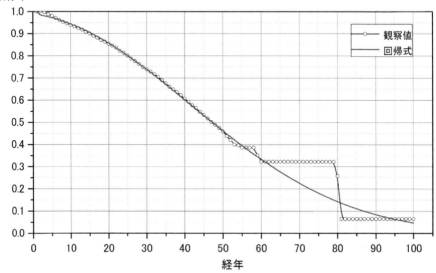

図 2-2-2　残存率曲線　鉄骨系事務所（60 年回帰）

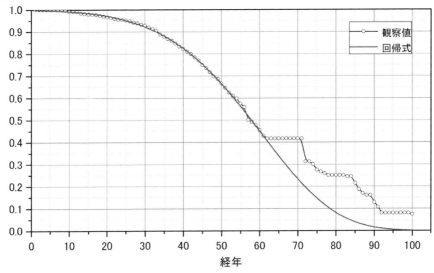

図 2-2-3　残存率曲線　木造専用住宅（60 年回帰）

ある。厳密にいうと調査対象都市や建物の構造・用途区分がが同一ではないので単純に比較することはできないが、いずれの調査においても全国の建物の半数以上をカバーしている。全般的な傾向として、近年になるほど平均寿命が延びていることは明らかである。その理由としては、経済の停滞（建て替えが不活発になる）や建物の質の向上（建て替える必要がなくなる）等が考えられる。

(2) 建物の耐用年数を決めるもの

　耐用年数が決められたのは、戦後の税制改革の中で法人税に減価償却が認められるようになったためといわれている。先に触れたように減価償却は会計上の手続で、対象となる資産が年々価値を減じていくものとして、その減少分を費用とみなして売り上げなどから回収するものである。ごく簡単にいうと、減価償却の金額は取得費用を耐用年数で割ったもの

となるが、耐用年数を短く取れば償却額は大きくなり、逆に長くすれば小さくなるという関係がある。償却額の多少は最終的には法人税の納税額に影響するため、耐用年数の設定が納税者によってまちまちだと税額に不公平を生じるという考え方から、耐用年数を法律で定めるようになったということであるが、これは世界的には珍しい事例のようである。なお企業等が所有する資産の中でも、土地については経年による減価は生じないということで減価償却は認められていない。欧米諸国では、建物は土地と同様あるいは一体と考えられている場合がほとんどで、建物についての耐用年数の概念は存在しない場合が多いといわれている。

現行の耐用年数と1998年の改訂前のものを [表2-2] に示すが、構造方式によって大きな差が付けられていることが特徴である。特に木造は耐用年数が短くなっているが、先ほど述べた平均寿命と比べてみると数値がかなり異なっていることがわかる。また改訂により耐用年数が短くなっているが、これは減税を意図した政策的な判断によるものと推測される。

建物についての耐用年数の設定経緯については、昭和26(1951) 年に大蔵省主税局が出した「固定資産の耐用年数の算定方式」という文書によると、次のとおりであった。まず建物を部分に分けてそれぞれの価格と想定耐用年数を決定する。価格を想定耐用年数で割ると各部分の年間償却額が求められる。各部分の年間償却額を合計すると建物全体の償却額となる。建物全体の価格を全体の償却額で割ると耐用年数が求められる。

このような方式で耐用年数を求めているのは建物についてのみである。また想定耐用年数はすべてに根拠が示されているわけではなく、かなりの部分を当時のエキスパートジャッジメント(専門家による判断)に拠っていると思われる。例えば鉄筋コンクリート造の建物について見ると次のようになる。まず鉄筋コンクリートの軀体は150年としており、その根拠としてはコンクリートの中性化の進行を挙げている。す

区分	2011年調査	区分	2006年調査	1997年調査
RC系住宅	68.74	RC造専用住宅	56.76	49.94
RC系アパート	54.18	RC造共同住宅	45.17	45.26
RC系事務所	56.83	RC造事務所	51.39	45.63
鉄骨造住宅	63.23	鉄骨造専用住宅	51.85	40.56
鉄骨造アパート	59.38	鉄骨造共同住宅	49.94	41.00
鉄骨造事務所	46.22	鉄骨造事務所	41.70	32.95
鉄骨造工場（一般）	52.94	鉄骨造工場	45.81	
鉄骨造倉庫（一般）	52.15	鉄骨造倉庫	45.16	
木造専用住宅	64.62	木造専用住宅	54.00	43.53
木造共同住宅	50.34	木造共同住宅	43.74	37.73
		専用住宅	53.89	43.82

表2-1　建物の平均寿命の比較

構造等	細目	1998年改正	1989年改正
鉄骨鉄筋コンクリート造または鉄筋コンクリート造	事務所用等	50年	65年
	住宅用等	47年	60年
れんが造、石造またはブロック造	事務所用等	41年	50年
	店舗用、住宅用等	38年	45年
金属造（骨格の肉厚が4mm超）	事務所用等	38年	45年
	店舗用、住宅用等	34年	40年
金属造（骨格の肉厚が3mm超4mm以下）	事務所用等	30年	34年
	店舗用、住宅用等	27年	30年
金属造（骨格の肉厚が3mm以下）	事務所用等	22年	24年
	店舗用、住宅用等	19年	20年
木造または合成樹脂造	事務所用等	24年	26年
	店舗用、住宅用等	22年	24年
木骨モルタル造	事務所用等	22年	24年
	店舗用、住宅用等	20年	22年
簡易建物	柱10cm角以下土居葺き等	10年	10年
	掘立造、仮設	7年	7年

表2-2　財務省令による耐用年数

なわち「鉄筋を被覆するコンクリートの中性化速度から算定し、中性化が終ったときをもって効用持続年数が尽きたるものと考えるを適当と認める（注：コンクリートの中性化が終れば内部の鉄骨又は鉄筋は酸化が始まるから、中性化が終ったときに根本的改造を必要とする）」とあり、「一般建物については、コンクリート被覆は3cmないし4cmのものが多く、1cm当り中性化速度を30年とすればその耐用年数は30年×4cm＝120年とする。しかし中性化を外装仕上によって防止する手段が講ぜられているため、平均延命年数を30年とし、右の120年にこれを加えればその耐用年数は150年となる」としている。実際には鉄筋の周囲が中性化したとしても直ちに鉄筋が錆び始めるわけではなく、また発錆したとしても部分的であるので建物全体が崩壊するようなことはない。また中性化によってコンクリートの強度が低下するということはない。あくまでも鉄筋の発錆の危険性が増すという理由で、中性化が内部にある鉄筋部分まで到達した時点を使用上の限界とみなしているのである。

　それ以外の部分については、「防水床、外装及び窓防水はアスファルト防水の屋上及び地階の平均により20年、床は本仕上げにより30年、外装はタイル又はモルタルにより50年又は20年、窓はスチールサッシにより30年を基準としてその耐用年数を算定する」とあるが、その年数の根拠については示されていない。筆者としては、想定耐用年数の設定内容は経験的に納得できる数値であると感じているが、算出された耐用年数は計算方法の特性で短いものになってしまったと考えている。すなわち、価格は低くても想定耐用年数の短い部分があれば償却額は大きくなるので、その影響が全体の耐用年数を短くする方向に働いてしまうのである。

　この法定耐用年数は、周知のようにさまざまなところで引用されている。また他に目安とする数値がないために、多くの場面で建物の使用可能年数と誤解されている。公共施設についても同様で、例えば「この建物については、残存耐用年

> 法定耐用年数は建物が実際に使用できる年数とは無関係。建物を何年使うかは所有者の意志によって決まる

数が少ないので補修や改修はしても無駄である」というようにいわれることもある。法定耐用年数はあくまでも減価償却のための約束事であり、関係者がその約束に同意していればそれで問題はないのであるが、まったく異なる目的にそれを利用しようとすると混乱を生じてしまう。法定耐用年数は建物が実際に使用できる年数とは無関係であり、建物を何年使うかはその所有者の意志によって決まる、ということを十分に理解しておく必要がある。

3

情報管理の仕方

3 情報管理の仕方

施設情報の整理方法にはいろいろな形態がある。後に述べるように紙ベースのもの、パソコンで表計算ソフトを利用しているもの、データベースを駆使しているものなどがあるが、その方法の違いで、情報の利用価値には格段の差がある。現場ではその違いにまで気がついていない例を多く見かけるので、その説明を以下に述べていきたい。

3.1 情報管理の必要性と方法

情報なしのマネジメントはあり得ない

日本人は情報の重要性をよく理解していないといわれることがある。もちろん巷にはさまざまな情報があふれており、いやでも耳に飛び込んでくるニュースがあるし、ソーシャルネットワークで拡散している話題も多い。それらに浸っているだけで情報には十分に接しているという感覚に陥りがちだが、本当に必要な情報は向こうから飛び込んでくるものではない。何か商売をするにしても、ただ商品を並べて客が来るのを待つだけというスタイルもあれば、自ら顧客のニーズを探り顧客に受け入れられそうな商品を積極的に開発していくスタイルもある。どちらが商売として成功する可能性が高いかは自明であろう。

会社の経営をはじめとして、何かマネジメントを行うには情報の収集と分析が必須の条件である。情報なしのマネジメントはあり得ないといってもよい。よっぽどの殿様商売でもない限り、コストや売り上げにまったく無関心な会社経営者は存在しないであろうし、社員の能力や業績を知らないままで人事を行う会社もあり得ない。ここで触れたような経営についての情報は、今ならあって当たり前という感覚であるが、かつてはそうではなかった。特に小規模な小売店などではレ

ジスター（金銭登録器）がなく、ザルにお金を集めておいて出し入れしているようなところも少なくなかった。本来ならば、お金の出入りはいちいち帳面に記録するのが昔からのルールであろうが、そのような余裕のない商店では、支払いや売り上げのお金以外に子供たちの小使いや親父さんの飲み代もごちゃごちゃという場面もあったようである。結局、月末にザルに残ったお金が増えていればよし、減っていると来月はちょっと頑張ろうというような具合ではなかっただろうか。もちろん、まったく出鱈目ということではなくて、店主やおかみさんの頭の中では大雑把な金銭感覚は当然あったはずで、今日の売り上げは多いか少ないか、明日の仕入れをどうするかくらいの判断はされていたであろう。

数字を記録するのは情報管理の基本中の基本

　レジスターが普及し始めると、このようなスタイルの商店は急速に姿を消した。お金の移動をはっきりと記録し集計できることが大きなメリットと認識されたのであろう。まず数字を記録することは情報管理の基本中の基本である。

　施設に関してはさまざまなコストがかかっていることはいうまでもないが、特に運営面におけるコスト情報管理という点では不十分と思われるケースも少なくない。役所であれ民間会社であれ、組織としての活動をしているのであれば、年間の予算や決算はきちんと行われているはずであり、そういう点で数字がないということはない。問題はその数字がどこまでの内容を示しているかということである。例えば某市の公共施設について、文化施設全体の事業や施設運営にかかる予算はいくら、決算はいくらということはわかっていたとしても、A文化ホールの修繕費は？となるとすぐにはわからないというようなことが往々にしてある。特に光熱水費のようなものについては、「総務課でまとめて支払っているので、個々の施設分についてはすぐにはわからない」とか、「費用はわかるが使用量はわからない」などという事例は決して少なくない。あまり細かいことは必要ないだろうという声も聞こえてきそうであるが、マネジメントは問題を発見して改善すると

問題の発見ができなければ、進歩はない

いうプロセスが基本になっている。問題の発見ができなければ何も進歩はないことになってしまうのである。

施設の情報を管理するといってもいろいろなやり方がある。以下にいくつかの典型的なスタイルを示しながら、あるべき姿を探ってみたい。

(1) 昔ながらの施設台帳

CASE 1　Ａ市総務課施設管理担当・高田さんの場合

　どうも、Ａ市総務課の高田と申します。施設管理を担当しております。

　施設の台帳ですか？　確かそこの棚に……。ありました、これです。ファイルはこれ1冊にまとめています。あ、教育施設については教育委員会でまとめていますのでここには入っていませんね。公営住宅ですか、それも担当が別なのでそちらで管理しているはずです。

　台帳の内容ですか？　ええと、施設名称と用途、所管部署名、所在地、敷地面積、建物構造、延床面積なんかが入っています。それから簡単な地図も付けています。担当者が代わったときに現地を確認するのに便利ですから。いちおう外観写真も付けて

います。1施設をなるべく1枚のシートにまとめるようにしています。

　この方式で整備するようになったのは15年くらい前からだと聞いています。それ以前はもっと簡単な台帳で、名称と用途、所在地と建物規模と工事費くらいの記録でしょうか。そうそう、補助金の関係も記載されていたと思います。古い建物については昔の台帳のままです。

　全部の施設の記録があるかということですか？　確認はしていないのではっきりとはお答えできませんが、小規模な施設については台帳のないものもあると思います。それでも特に困ったようなことはありませんね。

　この台帳をどのくらい使うかですか？　私が使うのは……、たまに面積を確認したりするくらいですかね。何年かやっていると主要な施設の状況はだいたい頭に入ってますので。修繕記録ですか？　特に台帳のようなかたちでは保存していませんが、工事関係の書類はどこかに残っているはずなのでそれを調べればわかると思います。光熱水費は財務課の担当がまとめていますので、そちらへ問い合わせるとわかると思います。個々の施設の光熱水費ですか……、それは各施設の担当者に聞いてみないと……。

　施設台帳の更新ということは特にしていません。個々の施設の台帳は竣工した時点で作成するようにしていて、あとは気がついたときに修正しているくらいです。そうですねぇ…、よくある使い方としてはよその課で何か必要があると、その施設の分をコピーしてお渡しすることくらいですかね。

紙ベースの資料は情報の活用が極めて面倒

　特に電子化を行わない場合はこんな感じではなかろうか。
　紙の上に記録を作成するというのは古来からの方法であり、その目的は「忘れないこと」すなわち備忘録である。こうした場合、記録される内容は財産としての属性であることが多いように思われる。名称、用途、所在地、構造、規模あたりが基本であろう。備忘録としてはこれで十分であるが、分析用

の情報として活用しようとすると途端にお手上げになる。また施設の情報には変わらないものと時々刻々変化するものとがある。備忘録は変化しないものを記録するのには適しているが、変化する情報を記録するには相当の手間がかかる。以前であれば付票や付箋を張り付けて変化を記録したものであるが、その手間は結構面倒である。また付票の類が多くなってくるとハンドリングが面倒になる。

　紙ベースの資料の最大の欠点は情報の活用が極めて面倒という点である。例えば施設の総延床面積が知りたいとなると、個々の施設についての床面積の数値を拾ってきて集計するという作業が必要となる。コンピューターが出現する以前は、事務作業といえば伝票や紙の記録から数値を拾って計算するという作業が大きな割合を占めていた。ところが数字をあらかじめコンピューターに入れておけば、合計の計算などは一瞬で終わってしまう。ここにデータ電子化の意味がある。

(2) 表計算ソフトを利用

> **CASE 2**　B市建築課・早田さんの場合
>
> 　B市建築課の早田さなえと申します。
> 　当市では、市の施設全般を当課で管理しております。施設台帳についても、以前は紙ベースだったものを電子化するようにしています。現在は全体の3分の1くらいが電子化されています。
> 　この画面に出ているのがそれですが、エクセルを使用して1シートに1棟を記録するようにしています。1施設は1つのファイルというか、エクセルでいう「ブック」にまとめています。3棟で構成される施設であれば、1つのブックに3枚のシートがあることになります。
> 　シートは以前の紙ベースの台帳のイメージをできるだけ崩さないように配置を決めました。写真も入れられます。項目とし

ては紙ベースのものをほぼ受け継いでおりまして、名称、用途、所在地、規模などが入っています。

　電子化した最大の理由は、コピーの作成が簡単できれいにできることと、保管に場所を取らないことです。施設の名称がブック名になっていますので、担当者はそれを探してコピーすれば、現場で自分のパソコンから資料を見ることができます。新しい建物はすべてエクセルに入っているのですが、古い建物は徐々にエクセルに移しているところです。

　データの管理方法ですか？　基本的には建物の用途別にフォルダーをつくって、該当する建物のブックをそこに入れるようにしています。小学校のフォルダーを開くとそこに当市の15の小学校のブックが入っています。今考えているのは小学校や中学校、幼稚園などをまとめて教育施設というフォルダーに入れたらどうかということですが、分類をどうするかが悩みどころです。うまくいけばもう少しすっきりと整理できるように思います。

　エクセルがいいのは、何か変更があったときにデータを簡単に修正できることです。例えば増築で床面積が増えると、そこだけ簡単に書き直せます。紙ベースの時代は修正液で修正するのもおかしいので、1カ所の修正でも全体をつくり直すような

ことをしていたようです。修正したときの履歴ですか？　履歴の保存は特に考えてはいませんが……。

　今、内部で話をしているのは、エクセルの画面は紙よりもずっと大きいから、1枚にもっといろいろな情報を入れてもいいのではということです。例えば、どんな設備機器が入っているのかがわかればいいねというようなことを話しています。ただ何をどういうふうに入れるのが良いか、まだ決め切れていません。

使い方を間違うと表計算ソフトの実力を生かし切れない

　電子化した台帳ということでよくあると思われるのがこうした事例である。確かに紙ベースの手書きの台帳よりは見栄えのよいものができるし、保管にも場所を取らない。また印刷するのもごく簡単である。しかしながら台帳としての本質は紙ベースと同様、備忘録以上のものではない。なぜならばデータの活用が、紙ベースほどではないにせよ、なかなか困難だからである。エクセルに代表される表計算ソフトは、ワードプロセッサと並んでパーソナルコンピューターの黎明期における最大の発明である。手計算の時代に数値を集計するには、数字の見間違いや見落としを防ぐため、欧米では縦横にマス目が描かれた集計表に数値を書き写してから計算を行っていた。その集計表をコンピューターの画面上で再現し、数値を入力するだけでさまざまな計算ができるようにしたものが表計算ソフトである。ところが日本人は、そのマス目をレイアウトのためのグリッド（格子状の線）と理解し、レイアウト用紙がわりに表計算ソフトを使ったのがここで述べたような例である。これは表計算ソフトの実力をほとんど使わない、非常にもったいない利用法である。表計算ソフトでは、原則として1件のデータは1行にして、各項目を縦の列でそろえるという方法を取る。もっとも縦と横を逆にしても差し支えはないが。このような形式で記録しておけば、いろいろな計算を表計算ソフトに準備されている機能を使って簡単に行えるようになるのである。

（3）データベースソフトを利用

CASE 3　C市管財部・馬場さんの場合

　C市管財部の馬場健児です。お疲れさまです。

　何年か前に機構改革がありまして、従来の営繕が管財と一緒になり、管財部で施設関係を扱っています。私はもともと営繕におりました。

　営繕と管財が一体化して良かったことは、情報の共有ができるようになったことです。特にコスト関係の情報と施設関係の情報がリンクできるようになったのは大きいですね。

　施設データは基本的にはエクセルで作成します。項目はできるだけ絞るようにしていますが、それでも表のままでは画面を横にスクロールしなければ見られませんので、入力用の画面を別に作成してそこからデータを入れるようにしています。実はずいぶん以前に施設台帳をコンピューターで管理するシステムをつくったことがあるのですが、うまくいきませんでした。私がまだ就職する前のことでしたので先輩から聞いた話ですが、当時はパソコンではなくてオフィスコンピューターというものを

使ったらしいです。パソコンよりは図体が大きくて、誰でも簡単に操作できるというものではなかったようですが、それでも当時主流だった大型の「電子計算機」、先輩はそう呼んでいましたが、それよりははるかに安くて使いやすいということで導入したようです。当時のお金でン千万と聞いていますが、施設台帳システムを開発して、既存の建物のデータを入力したそうです。当時はコンピューターを扱えるような人は少なかったので、専属のオペレーターを雇って1年以上もかけて台帳を完成させたのですが、しばらくすると誰も使わなくなったというんです。当時はまだ建設が盛んで毎年何棟もの建物が新築されるような状況だったそうですが、新築物件のデータの入力が追いつかず、台帳には新しい建物のデータがないということになって、そのうち誰も見る人がいなくなってしまったという話でした。結局、最初に大金をかけてシステムを開発して、わざわざ既存分のデータまで入れたのに、ほとんど使われずに終わってしまったということです。その原因を先輩に聞いてみたのですが、新築物件のデータ入力が大変だったために、忙しい人が多くて誰もそれをやる暇がなかったからということのようです。

　当時の仕様を見ますと、入力項目がやたらと多いんですね。せっかく高価なコンピューターを使うのだから、あれもこれも入れておこうと欲張ってしまったんだと思いますね。建物の名称や所在地などはいいとしても、所管部局の担当者名と電話番号まで入力するようになっていました。担当者は時間が経つと代わるものですが、その時に古いままのデータが残っていると、これは役に立たないということになってしまいます。また施工業者名やその所在地、工事金額を入れるようになっていましたが、これは営繕の日常業務ではあまり使うことのないデータだと思います。ここまで入力しないとダメということだと、営繕の担当者は途中でいやになりますし、ただでさえ忙しい本来の仕事の片手間にやるには負担が大きすぎるということだったと思います。

　同じ失敗を繰り返さないようにということで、われわれはデ

ータベースを活用することにしています。データベースにあまりなじみのない方もおられるかもしれませんが、簡単にいうとあちらこちらにあるデータをつなげて、あたかも１つのデータであるように加工したり、必要なデータを瞬時に取り出すような技術のことです。少し専門的にいいますと、例えばある施設についての情報の記録がコンピューターの中にあるとします。これを専門用語でレコードと呼びます。１つのレコードがある施設のいろいろな情報を持っている、つまり記録、レコードしているということです。先の失敗例は１つのレコードに大量の情報を詰め込もうとしたところにあります。まず新しいデータの入力が大変になることはお話ししたとおりですが、情報の内容に変更があった場合の修正も面倒です。まずそのレコードを引っ張り出して、該当する項目にたどり着いてやっと内容を修正する、というようになりますが、その操作には結構時間がかかります。すると仕事としては面倒だとか効率が悪いということになります。また同じようなデータを別のところで保管している場合、例えば施設台帳と財産管理台帳などがそうですが、同じ建物でも床面積が違っているなどはよく聞く話です。結局どちらが正しいのか改めて確認が必要ということですと、効率が悪い、いったい何をやっているのかと納税者からお叱りを受けることになります。

　データベースの技術を使うとこうしたことはかなり防げます。要点としては実に簡単なことなんですが、各施設あるいは建物に共通した番号、これをコードということが多いですが、一つひとつのレコードに施設のコードを付けてやればいいのです。施設の名称などで管理してもいいんですが、名称は変わることがありますし、正式名称であったり略称であったりすることもあります。人間なら正式名称でも略称でも同じ建物だと判断することは難しくないのですが、コンピューターは少しでも文字が違っていると別の建物と認識してしまいますので、コンピューターが間違えないものをコードにするほうがベターです。そこで通常は数字やアルファベットで構成される番号、あるいは文

字列というべきでしょうか、それを使うことになります。データベースソフトはこのコードを手がかりにして別々のデータを1つにつなげます。例えば施設台帳には建物の延床面積があり、別の経理関係の部署でその建物のエネルギー消費量が管理されているとします。その建物の床面積当り使用エネルギーを求めようとすると、通常はそれぞれの部署からデータを持ち寄って消費量を床面積で割ってやるという操作が必要になります。ところがデータベースソフトを使えば建物に付与されたコードをもとに、これをキーといいますが、両方の記録をまとめることができるわけです。1つの建物ならデータを持ち寄る手間だけですが、たくさんの建物についてこれを求めるとすれば、コンピューターの力を借りるほうが圧倒的に有利なことはおわかりでしょう。

　われわれのやるべきことは、データを入力するときに必ず建物のコードを入れることですが、これも半分自動的にできるような工夫を表計算ソフトで行っています。ここを間違えるとデータの活用はできないことになりますので、これは重要なポイントです。後はデータベースソフトの操作ですが、さすがにわれわれでは難しい部分もありますので、専門家の手を借りています。このあたりの費用がかさむのが悩みといえば悩みです。

　将来的には庁舎内の全データを統合するようにしたいと思っています。それができると、工事履歴の管理なども工事の発注記録や支払い記録と関連付けを行うだけで簡単にできるようになるはずです。工事履歴が管理できるようになると、法定点検の記録と修繕工事の関係なども分析できますし、維持管理の効率化に役立つことは間違いないと思っています。

　データベースはすでにさまざまな場面で利用されている。例えば航空券や映画の指定券予約システムやネット通販などはその最たるものであるが、その仕組みがほとんど表には見えてこないので、一般の人たちから意識されることは少ない。またパソコン用のデータベースソフトもいろいろなものが入

手可能であるが、表計算ソフトのように気軽に使えるものではないことが認知度を低くしている理由だろう。多少でもコンピューターのプログラムを触ったことのある人なら、簡単な作業、例えば複数のデータファイルのレコードを1つのファイルにまとめる程度の作業であれば、データベースソフトを使って行うことができる。だが少し複雑なこと、例えばインターネットを使って各所にあるコンピューターをつなぎ、施設に関連するデータの管理を行うシステムを構築する等はとても素人の手に負えるものではなくなる。しかし、いったんこのシステムが構築されて、うまく使いこなすことができるようになると、その便利さは表計算ソフトの比ではないし、作業効率も格段に向上する。

> データベースを活用するには業務の形態そのものを変えていくことが必須

　ここで「うまく使いこなす」といったが、データベースをうまく使うには、業務の流れを変えることも必要になる。昔ながらの紙の伝票主体で仕事を進めているとすると、データベースへの入力は別の手間となり業務を増やすだけになりかねない。また紙の伝票が重要であれば、コンピューターに蓄えられているデータは単なる予備、備忘録になるだけである。データベースを活用しようとするなら、そのシステムを通さなければ業務が一歩も進まないように業務の形態そのものを変えていくことが必須である。これは業務の迅速化や誤りの大幅な削減につながるというメリットを生むと同時に、改めてそのための作業をするまでもなく、必要なデータが自動的に蓄積されていくという効果がある。

(4) ASPによるクラウド利用

CASE 4　D市管財部ファシリティマネジメント課
　　　　　大久保さんの場合

　D市管財部ファシリティマネジメント課の大久保理香と申します。よろしくお願いいたします。名前が長いので庁内ではも

3　情報管理の仕方

ASP（Application Service Provider）：アプリケーションソフト等のサービスをネットワーク経由で提供するプロバイダ

っぱら FM 課と呼んでおります。

　施設データの管理のことをお話しすればよろしいでしょうか。私たちは今は ASP を使ってクラウドでデータを管理するようにしています。あ、すみません、もうちょっときちんと説明しなくてはいけないですね。ASP というのはソフトウェアをインターネットで提供する仕組みのことです。英語でアプリケーション・サービス・プロバイダということなのですが、アプリケーションつまりソフトを使ったサービスを、インターネットで提供する業者、すなわちプロバイダということです。何かソフトを使うとなると、普通はパソコンショップ等でソフトが入ったパッケージを買ってきて、中の DVD をコンピューターにセットしてプログラムをインストールする、というようなことをすると思います。つまりソフトそのものを購入してコンピューターに入れて使うというかたちです。もしそのソフトが更新された

場合、つまり、バージョンアップといって中身の改良や機能向上があって新しくなった場合なんかには、新しいものをもう一度購入して入れ直すか、あるいはアップデートプログラムというものを動かしてやらなくてはなりませんよね。これは業者に依頼して専用のソフトをつくってもらった場合も同じで、実際に私たちも以前はそうしていたのですが、実はこのバージョンアップのための費用が馬鹿にならないのです。コンピューターを動かしている基本部分のソフトをオペレーティングシステム、略して OS といいますが、これが変わってバージョンアップが必要になることも多いんです。パソコンの OS としてよく知られているのはご存じのウィンドウズですが、これもいろいろ変化していて、最近は古い Windows XP という版のサポート、つまりメーカーからの動作保障がなくなったといって騒がれたことはご存じでしょうか。なぜ騒ぎになるかというと、今まで使っていた業務用のソフトが新しいウインドウズで確実に動くかどうかわからないし、ひょっとしたら動かないかも、ということなのですね。まあソフト屋さんも稼がなくてはいけませんから、古いものが棄てられていくのは仕方がないのかも。

　ちょっと余計な話になってしまいましたが、ASP というのはこうしたことが起きない仕組みなんです。使う側のコンピューターにはそのソフトの全体がインストールされているのではなくて、必要に応じて業者側のコンピューターからプログラムが送られてきて、例えばインターネットのブラウザ、つまりマイクロソフトの昔のエクスプローラとかグーグルのクロームとかいうものですが、その中で動作するような仕組みになっています。つまりインターネットが使えればそれで OK というソフト提供の仕組みです。ソフトを売るというよりソフトを利用したサービスを売るということです。中には無料のものもあるかもしれませんが、業務で使う場合は決められた使用料を支払うというかたちになります。私たちが使っている ASP は、管理するデータの量やソフトのオプション機能によって料金が変わる仕組みです。建物のデータを 1 棟分入れるといくらとか、エネル

クラウド（cloud）：
「クラウドコンピューティング」を略して「クラウド」と呼ぶことが多い。データを自分のパソコン等でなく、インターネット上に保存する、使い方、サービスのこと

ギーコストの分析をオプションでつけるといくらとかいう料金設定です。たくさんの建物のデータを管理するとすれば、専用ソフトを購入するほうが安いかも知れませんが、やはりバージョンアップの費用などを考えるとこちらのほうが安いと思います。それからデータの管理がクラウドなので……、あ、クラウドの説明が要りますね。クラウドとは日本語にすると雲のことなんですが、ネットワーク、正確にいうとインターネットでつながったたくさんのコンピューターのことをいいます。この仕組みを図解で説明するときに、全体を雲みたいな絵で表現するからそう呼ばれるようになったと聞いています。そのクラウドにデータを保管するということは、データの安全性が高まるということになります。従前のやり方の場合、以前はうちでも専用のコンピューターにデータベースソフトでシステムを構築してやっていたんですが、その場合にはデータを保管しているハードディスクが壊れることを想定して、バックアップつまりデータのコピーを定期的に取る必要がありました。当然災害対応も考えなくてはなりませんが、このバックアップが結構面倒なんです。それから出先でデータを見たいというときには不便でした。セキュリティーの関係で、データベースは庁舎内のみの利用で、インターネットからは切り離すようにしていたものですから。クラウドの場合、使用料というかたちの費用負担は発生しますが、基本的にセキュリティーの確保は業者側の責任でやってくれます。つまり、ソフトやデータの管理に関わるいろいろな手間を外注しているのが ASP によるクラウドサービスということだと思います。そうそう、最近はインターネットを使って、パソコンの中のデータをネット上で保管してくれるサービスがありますが、そうグーグルドライブとかエバーノートとかいう……、あ、そのものズバリのアイクラウドもありましたね、あの仕組みと同じようなものだといえばわかりやすいのではないでしょうか。

　おかげでコンピューターに強い人がいなくても、何とかデータの管理や施設の管理業務ができるようになっています。それ

からオプションも便利で、ひょっとしたら使うかもしれないと考えた機能、たいてい使わないまま終わることが多いのですが、そんなものを最初から仕込んでおくというような必要もありませんので、費用的には合理的だと思います。オプション機能にはいろいろあって、さまざまな切り口の集計や、かなり高度な分析までできるようです。全部を知っているわけではないですけれど、こんなことができないかと尋ねると、たいていはこれを使ってください、というものがあります。もしオプションとして用意されていないものがあれば開発しますとも言ってくれていますので、将来も困ることはないと思っています。え、今使っているソフトの中身はどうなっているかというご質問ですか。それはちょっと……。データベースを使っているのだろうとは思いますが、詳しいことはわかりません。こちらはユーザーに徹していればよいので中身まで知る必要はありませんし、ソフトの中身はプロバイダの責任できちんとやってくれていると思っています。そういえば、以前はプログラムが動かなくなって大騒ぎになったこともありました。もしプログラムやサポートが信用できなくなれば、こちらとしては別の業者に変えるでしょうから……。えっ、ASPを変えるのに問題はないかということですか？　それは大丈夫です。契約でサービスの解約時にはデータはこちらへ引き渡してもらえることになっていますので、それを次のASPに渡すだけなのでまったく心配はしておりません。

　ASPやクラウドなどの技術は、ICT（インフォメーション・アンド・コミュニケーション・テクノロジー）において近年急速に発達し普及し始めているものである。それとは気付かないうちにインターネットを使ったネットショッピングや音楽配信など、すでに身近なところで使われていることはご存じであろう。われわれのコンピューターには特別なソフトの導入が必要なわけではなく、インターネットブラウザと呼ばれるソフトさえあればサービスが受けられる仕組みで、ソフ

ICT（Information and and Communication Technology）：
情報通信技術

トを購入するというよりサービスを購入するという感覚で使用される。そのためデータ保管のストレージサービスのように、使用量に応じた料金が発生する仕組みになっているのであるが、従前のようにソフトを購入するか、あるいはサービスを購入するかはそれぞれの判断によるところであろう。

あえてこうしたサービスのデメリットを挙げるとすれば、サービスの使用頻度が低い場合でも一定の料金が必要になるということ、また使用量が増えると料金も増えていくという点であろうか。ただし、これもプロバイダーの営業方針によって変わる部分があることはいうまでもない。

ソフトの導入などに格別の技術は必要ないものの、提供されるサービスを使いこなすためにはある程度の習熟が必要となることが多い。また業務のやり方を変えていくことが必要になることも想定されるが、業務の見直しを効率の向上につなげるようにしていくことが重要である。現在提供されている施設関係のデータ管理サービスとしては、公共施設向けには一般財団法人建築保全センターが提供しているBIMMS（保全マネジメントシステム）がある。また一般向けではプロパティデータバンク株式会社の＠プロパティ（アットプロパティ）などが代表的である。

(5) 当面どうするべきか

すでにC市やD市のようにデータベースを導入している場合には問題ないが、比較的小規模な自治体では、まだ紙ベースの台帳もしくはそれに類した方法で施設情報を管理していることが多いのではないかと想像される。このような場合、一気に本格的なデータベースを導入することはなかなかハードルが高いと思われるであろう。施設数がそれほど多くなければ、数値の集計や分析については表計算ソフトでも十分に対応は可能なので、まずは必要に応じて紙に記録された情報を表計算ソフトに移行させていくことから始めればよいだろう。ただしB市のようにレイアウト用紙として表計算ソフ

> まずは紙に記録された情報を表計算ソフトに移行させる。ただし表計算ソフトをレイアウト用紙として使うのは禁物

トを使うのは禁物である。1行に1件を原則として、列に項目を設定して一覧表のかたちに記録していくのが原則である。一覧表では各建物あるいは施設の情報が一目でわかりにくいということであれば、紙の台帳のような形式で表示させるようにするとよい。これは表計算ソフトに付属する開発システム（エクセルでは VBA と呼ばれるプログラム言語）を用いることで可能となる。少し表計算ソフトに詳しい人がいれば内部でも作成できるが、もし外部に委託するとしてもさほどの費用はかからないはずである。その際には入力用のフォーム（画面形式）も作成しておくと使い勝手がよくなる。

> 将来的にはデータベースへ移行することが望ましい

　将来的にはデータベースへ移行することが望ましいので、建物や施設にコード番号を割り当てることは忘れないようにしたい。表計算ソフトでは、入力ミスを防ぐための方法がいくつか用意されている。例えば入力時にメニューを表示させてその中から施設名を選ぶようにすれば、施設名称を間違えることもなく、同時にコード番号を自動的に記録させることもできる。要は表計算ソフトの機能を活用しつつ、できるだけ楽にまた確実に作業ができるようにすることが肝要である。

　一度入力された表計算のデータは、コンピューターの中では使い回しがきく。また追加も簡単にできるので、見通しさえきちんとつけてあれば、取りあえず必要なデータを入れていくということから始めても作業が無駄になることはほとんどないといってよい。表計算ソフトの内容がよくわからないということであれば、手近な入門書で勉強することを勧めたい。きっと目からうろこが落ちるはずである。

　また簡単でもよいから、人事異動などに備えたマニュアルを作成しておくとよい。プログラムの起動や終了の方法は当然として、データファイルの構成を示しておくと、後でデータを流用するような場合には役に立つ。またコード番号の付け方や施設評価の結果など、データの数値化の方法については混乱を生じないように、その考え方を明確にしておくことが必要である。

3.2 収集すべき情報をどう選ぶか

最初は必要最小限に絞り、使い慣れてきたら拡張する戦略がよい

　施設マネジメントには施設の情報が欠かせないが、どのような情報を集めておけばよいのであろうか。情報は目的に応じて必要なものがあればよく、不要なものまで集め出すと無駄であるばかりか、必要なものまで見えなくなってしまう危険がある。必要十分な情報を集めて管理するのが極意であるが、言うは易く行うは難しというところである。

　よくあるのは、せっかくデータ管理のシステムをつくるのだから、必要と思われるものをすべて管理しようという発想である。特にシステムを外注するような場合、いろいろな意見や希望を取り入れていくうちに、システムがどんどん肥大化していく傾向が強い。一般にシステムが大きくなればなるほど、慣れない人間には簡単には使いこなせなくなっていく。後でも述べるが、最初は必要最小限に絞ったできるだけシンプルなものにして、組織として使い慣れてきたら拡張していくという戦略がよいように思われる。

　情報管理の考え方としては、まず内容が固定的なものと時間とともに変わるものを区別して管理するべきである。固定的な内容のものは一度データとしてつくってしまえば、後で操作する必要はなく、参照するのみとなる。他方で時間とともに変わる内容のものは変化があるたびに逐一記録を更新していく必要がある。また変わっていく情報については、過去の履歴を保存するか、しないかも考えておく必要がある。固定的な情報としては建物の基本情報や属性などがあり、逆に修繕履歴や運用時のコストなどは逐次変化している情報といえよう。これらを同じ記録単位（レコード）に記録していくのは得策とはいえない。コンピューターの用語でいえば、ファイルあるいはデータセットを分けて、固定的な情報と変化する情報を別個に管理するべきである。これについては後述する。

　また情報管理の単位をどうするかもよく考える必要がある。

統合された情報を分割するのは難しい

一般的には施設単位が良いという判断になろうが、複数の建物で構成される施設もあれば、1棟の建物に複数の施設が入っている場合もある。単位を施設とするか建物とするかについて、どちらが良いということは断定できないが、複合施設については施設を単位にして、複数建物からなる施設は建物単位でということにすると良いと思われるが、これについては改めて述べたい。一般に情報は細かく分類しておくほうが使いやすい。分けられた情報を統合することは容易だが、統合された情報を分割することは非常に難しいか、時には不可能なためである。ある施設が複数の建物から構成されている場合、コストデータを施設単位で記録していると、個別の建物の情報に分解することは難しい。多くの場合は面積で按分するなど便宜的な方法が取られるが、例えば建物によって用途が異なっているような場合は、この方法では正確な情報は得られない。逆に建物1棟ごとのコストデータが記録されていれば、施設全体のデータは全部の建物のデータを合計するだけで求められる。

施設のコードと建物のコードをそれぞれ作成する

　複数の建物で構成される施設であれば、建物を単位として情報を記録することが望ましく、複合施設であれば施設を単位として記録することが望ましいと述べたが、大事なことは施設と建物の対応関係が容易にわかるようにしておくことである。ひとつの方法として、施設のコード体系と建物のコード体系を別に用意しておき、両者を対応づけておくことが考えられる。データの分析を行う場合にはこの対応関係を利用して、建物データから施設データへ、あるいは複合施設であれば施設データから建物データへの変換が容易に行えることになる。

(1) 施設マネジメントに必要な情報

　情報には利用目的がある。漫然と必要そうに思える情報もあるが、ここではそうしたものは余計な情報とする。もし必要が生じたらその時に収集すればよいという考え方である。利

用目的を考え、収集する情報を必要最小限に絞る理由は手間の省略である。もし業務がすべてオンラインで処理されるような仕組みが整備されているのであれば情報収集に格別の手間はかからないが、そうでない状況では情報はデータとして人手で入力することが必要になる。その際に余計な情報を入れることになると、入力に多くの時間を割かれてしまうので業務が遅れがちになり、ついには入力をあきらめることになりかねない。そうなると情報システムそのものの内容が古いままになってしまい、誰からも使われなくなるという事態になる危険を生じる。システム運用は最初に失敗すると再度立ち上げることはかなり困難になるので、とにかく皆に使ってもらえるようにするということが肝要である。

　以下、施設マネジメントに必要不可欠な情報管理とは何かを考えたい。

❶ 台帳の作成方法

> 施設の保全や管理を目的とする場合、記録は建物の外観上の1棟を単位として作成するのがよい

　情報を管理するためには台帳を作成する必要があるが、先に触れたように記録の単位をどうするかが重要である。具体的には、記録（レコード）の単位を施設とするのか建物にするのかで作成の方法が異なってくる。例えば学校のように、施設の中には複数の建物が存在するケースが多い。もし施設単位でレコードを作成するとすれば、個々のレコードの中には建物の情報を入れておく必要を生じる。施設ごとに建物の棟数は一定しないので、記録の方法が複雑になってしまう。では建物単位でレコードを作成すれば問題はないのであろうか。1棟を1つのレコードに対応させることになるので記録の方法は単純になるが、その建物が所属する施設の情報をどうするのかが問題になる。同じ内容の情報、例えば施設の名称や所在地を個別の建物それぞれについて記録しておくという方法もあり得るが、情報を重複して入力する必要があり、また施設情報が変化した場合に修正が面倒になるという欠点がある。そこで提案としては施設情報と建物のレコードを別個に

作成するということがある。それぞれの関連づけについては、施設コードと建物コードによって行うことになる。施設のレコードには全体的な情報のみを記録しておき、独自のコード番号を割り振っておく。建物の記録にはその建物が属する施設のコード番号を記録しておくと、そのコード番号を利用して建物と施設の情報を関連付けることができる（データベースの機能）。またどの施設にどの建物が含まれるかは､同じ施設コードを持つ建物を抽出すればわかることになる。

さらに建物にも独自のコード体系を設定して、そのレコードにコード番号を割り振っておくと、別の記録との対応付けが容易になる。この際に施設のコード体系と建物のコード体系はまったく別のものとして扱うことになる。またコード番号に意味を含める必要はない。例えば５桁のコード番号で最

施設ID	棟ID	施設名称	棟名称	所在地	建物延床面積	敷地面積	竣工年	構造	所管課	直営／指定管理者
A100011	001	A小学校	普通特別教室棟	上○1169	1,530㎡	22395	1973年3月1日	鉄筋コンクリート造	教育委員会 教育総務課	直営
A100011	002	A小学校	普通特別教室棟	上○1169	363㎡	-	1973年7月1日	鉄筋コンクリート造	教育委員会 教育総務課	直営
A100011	003	A小学校	普通特別教室棟	上○1169	1,435㎡	-	1973年7月1日	鉄筋コンクリート造	教育委員会 教育総務課	直営
A100011	004	A小学校	普通特別教室棟	上○1169	1,240㎡	-	1978年3月1日	鉄筋コンクリート造	教育委員会 教育総務課	直営
A100011	005	A小学校	普通特別教室棟	上○1169	544㎡	-	1978年4月1日	鉄筋コンクリート造	教育委員会 教育総務課	直営
A100011	006	A小学校	普通特別教室棟	上○1169	57㎡	-	1973年7月1日	鉄筋コンクリート造	教育委員会 教育総務課	直営
A100011	007	A小学校	庇	上○1169	12㎡	-	2007年1月1日	鉄骨造	教育委員会 教育総務課	直営
A100011	008	A小学校	ポンプ室	上○1169	7㎡	-	1973年3月1日	鉄骨造	教育委員会 教育総務課	直営
A100011	009	A小学校	体育館	上○1169	1,148㎡	-	1979年2月1日	鉄骨造	教育委員会 教育総務課	直営
A100011	010	A小学校	ポンプ室	上○1169	7㎡	-	1979年2月1日	鉄骨造	教育委員会 教育総務課	直営
A100011	011	A小学校	ﾌﾟｰﾙ付属	上○1169	120㎡	-	1981年12月1日	鉄骨造	教育委員会 教育総務課	直営
A100011	012	A小学校	倉庫	上○1169	90㎡	-	1986年3月1日	鉄骨造	教育委員会 教育総務課	直営
A100011	013	A小学校	普通特別教室棟	上○1169	59㎡	-	2007年1月1日	鉄骨造	教育委員会 教育総務課	直営
A100011	014	A小学校	ELV棟	上○1169	33㎡	-	2007年1月1日	鉄骨造	教育委員会 教育総務課	直営
A100011	015	A小学校	普通特別教室棟	上○1169	482㎡	-	2013年7月1日	鉄骨造	教育委員会 教育総務課	直営
A100012	001	○○市立A幼稚園	園舎棟	○原474	799㎡	3,174㎡	1976年3月1日	鉄骨造	健康福祉部 こども課	直営
A100012	002	○○市立A幼稚園	増築保育室棟	○原475	395㎡	-	2005年10月1日		健康福祉部 こども課	直営
A100012	003	○○市立A幼稚園	増築遊戯室棟	○原476	199㎡	-	2013年1月1日	鉄骨造	健康福祉部 こども課	直営
A100018	001	○○市総合体育館	総括	富○○1339	6,973㎡	56309	1989年10月4日	鉄骨鉄筋コンクリート造	教育委員会 スポーツ施設管理室	直営
A100018	002	（各貸室ごとに記入）	大アリーナ	富○○1339	1,966㎡	–	1989年10月4日	鉄骨鉄筋コンクリート造	教育委員会 スポーツ施設管理室	直営
A100018	003	（各貸室ごとに記入）	小アリーナ	富○○1339	567㎡	–	1989年10月4日	鉄骨鉄筋コンクリート造	教育委員会 スポーツ施設管理室	直営
A100018	004	（各貸室ごとに記入）	柔剣道場	富○○1339	390㎡	–	1989年10月4日	鉄骨鉄筋コンクリート造	教育委員会 スポーツ施設管理室	直営
A100018	005	（各貸室ごとに記入）	トレーニング室	富○○1339	134㎡	–	1989年10月4日	鉄骨鉄筋コンクリート造	教育委員会 スポーツ施設管理室	直営
A100025	001	コミュニティセンターB		三上828	1,083㎡	4415	1993年4月1日	鉄骨造	市民部 協働推進課	指定管理者
A100035	001	コミュニティセンターC		大○原4024-2	1,132㎡	3471.29	1992年4月1日	鉄骨造	市民部 協働推進課	指定管理者
A100037	001	○原こども園	園舎棟	大○原1414-2	738㎡	4,200㎡	1986年4月1日	鉄骨造	健康福祉部 こども課	直営
A100037	002	○原こども園	増築保育室棟	大○原14142	355㎡	-	2011年4月1日	鉄骨造	健康福祉部 こども課	直営
A100040	001	市営住宅　小○原団地		小○原481	1,210㎡	2793	1990年3月31日	鉄筋コンクリート造	都市建設部 住宅課	直営
A100045	001	○○市○○地域総合センター（人権センター）		小○原1780-5	1,275㎡	2258.12	1979年6月15日	鉄筋コンクリート造	総務部 人権施策推進課	直営
A100046	001	○○市役所	本庁舎(旧部分)	小○原2100-1	2,067㎡	11176.18	1968年9月30日	鉄筋コンクリート造	総務部 総務課	直営
A100046	002	○○市役所（窓口サービス）	本庁舎(新築部分)	小○原2100-1	1,709㎡	–	2004年9月1日	鉄筋コンクリート造	総務部 総務課	直営
A100046	003	○○市役所（窓口サービス）	別館	小○原2100-1	1,002㎡	–	1968年10月10日	鉄筋コンクリート造	総務部 総務課	直営
A100046	004	○○市役所（窓口サービス）	西別館	小○原2100-1	797㎡	–	1997年12月25日	鉄骨造	総務部 総務課	直営
A100046	005	○○市役所（窓口サービス）	南別館	小○原2100-1	148㎡	–	1990年5月30日	鉄骨造	総務部 総務課	直営
A100046	006	○○市役所（窓口サービス）	東別館	小○原2100-1	770㎡	–	1985年3月30日	鉄骨造	総務部 総務課	直営
A100046	007	○○市役所（倉庫通路等）	倉庫(仮設庁舎文書庫)	小○原2100-1	333㎡	–	2003年11月1日	鉄骨造	総務部 総務課	直営
A100046	008	○○市役所（倉庫通路等）	倉庫(西別館裏)	小○原2100-1	168㎡	–	1990年5月30日	鉄骨造	総務部 総務課	直営
A100046	009	○○市役所（倉庫通路等）	犬小屋	小○原2100-1	10㎡	–	2012年3月31日	コンクリートブロック造	総務部 総務課	直営
A100046	010	○○市役所（設備衛生等）	プロパン庫	小○原2100-1	18㎡	–	1997年12月25日	コンクリートブロック造	総務部 総務課	直営
A100046	011	○○市役所（倉庫通路等）	自転車置場	小○原2100-1	25㎡	–	不明	鉄骨造	総務部 総務課	直営

図 3-1　施設台帳（一部）の例

初の1桁は用途を、次の2桁で建設年次をというように割り振ることもあるが、そうする必然性はほとんどないと考えてよい。そのような情報は記録の内容から簡単にわかるのである。またコード番号は一度割り振ると変更はしない。用途などをコードに含めてしまうと、用途変更があった場合にコード番号も変更することになるが、それはシステムに無用な混乱を招くだけである。人間がコード番号を見て何かを理解する必要はまったくなく、ただコンピューターが認識できればよいだけのことである。

　悩ましいのは、1棟に見える建物でも予算等の都合で工事の時期が異なる場合があることである。この場合、各期ごとの工事を1棟とみなして、外観上の1棟を複数棟に分割して記録するという方法もある。これは経理面など財政上の都合を優先した管理方法と考えられるが、施設管理等の実務面ではあまり意味がない。外観上の1棟をそのまま1棟として扱うほうが都合がよいと思われる。この場合はその1棟が複数の工期に分割されていることをどこか別のところに記録しておけば十分であろう。要するに施設の保全や管理を目的とする場合には、記録は建物の外観上の1棟を単位として作成するのがよい。以上をまとめると、施設情報は別途作成して1棟の記録と関連付けられればよく、また外見の1棟が工期で分割されていてもそれは別途記録しておけばよいということである。

　なお複合施設の場合は、施設と建物の関係が上述したものとは逆になる。この関係をうまく処理するにはさまざまな方法があると思われるが、例えば施設と建物のそれぞれのレコードに複合施設か否かの区別ができるような項目を設けておくとよい。一例ではあるが、複合施設に所属する施設のレコードには建物コードを入力しておき（複合施設でなければ空欄）、建物のレコードには「複合施設」という項目を設定し、複合施設ならば「1」、そうでなければ「0」を入力しておくというようなことが考えられる。

❷ 施設の属性

> 総務省による施設分類を標準分類とする

マネジメントを行うにはその対象を明確に把握しておく必要があるのは当然であろう。施設の場合、どこまでの情報が必要だろうか。まず施設の名称、用途、所在地などはその施設を特定するために不可欠な情報である。ただし用途については建物を運用している途中で用途変更により変わることもあり得る。建物として見たときには新築年次、構造形式（鉄筋コンクリート造か鉄骨造か木造か等）、規模（建築面積、延床面積、階数等）は共通的に必要な情報である。また敷地に関しての情報も必要であろう。以下に各項目について若干の解説を加える。

まず施設名称は、正式なものを記述することを基本とするべきである。施設によっては愛称や通称を持つものもあるが、それらは別項目として記録しておくことが望ましい。これらが混在すると同じ施設が別の存在として認識される危険が生じる。施設の用途については基準を明確にしておくことが必要になる。用途分類はその組織の中では自明のように思われがちであるが、他の組織における分類とは異なっていることも少なくない。後ほど述べるベンチマーキングなどでは、用途分類の混乱が施設相互の比較を難しくしていることがある。

建物用途に関する確立された標準的な分類体系は存在しないが、総務省で提示している分類方法を基準とすることを勧めたい。**[表 3-1]**

これを仮に標準分類と呼ぶことにする。もし独自の用途分類があり、それを捨てがたいということであれば、記録する項目を増やしてその分類も併記するようにすればよい。従来の分類を標準分類に変換するには、標準分類と独自分類の項目間の対応表を作成し、コンピューターに置き換え作業をさせれば人手を掛ける必要はなくなる。また複合用途の記述も悩ましい部分である。用途の組み合わせをそれぞれ新たな種類の用途とみなす方法もあれば、複合用途という種類で一律に記述するという方法も考えられる。後者の場合は別途個別

大分類	中分類	施設名称例
市民文化系施設	集会施設	・市民ホール　・コミュニティーセンター ・公民館　・市民の家　・青年の家
	文化施設	・市民会館　・市民文化センター
社会教育系施設	図書館	・中央図書館　・地域図書館　・図書館分室
	博物館等	・博物館、郷土資料館　・美術館 ・プラネタリウム　・社会教育センター
スポーツ・レクリエーション系施設	スポーツ施設	・市民体育館　・市民プール ・武道館　・サッカー場 ・テニスコート　・野球場
	レクリエーション施設	・観光施設　・キャンプ場 ・少年自然の家　・観光センター
	保養施設	・保養施設
産業系施設	産業系施設	・労働会館　・勤労会館 ・産業文化センター　・産業振興センター
学校教育系施設	学校	・小学校　・中学校 ・特別支援学校　・高等学校
	その他教育施設	・総合教育センター　・給食センター
子育て支援施設	幼保・こども園	・幼稚園　・保育所　・こども園
	幼児・児童施設	・児童館　・児童センター　・こどもの家 ・地域子どもの家　・子育て支援センター ・放課後児童クラブ　・児童会
保健・福祉施設	高齢福祉施設	・老人福祉センター　・デイサービスセンター ・生きがい活動センター ・地域包括支援センター　・老人憩いの家
	障害福祉施設	・障害者総合支援センター ・デイサービスセンター
	児童福祉施設	・児童養護施設　・母子生活支援施設
	保健施設	・保健会館　・保健所
	その他社会保険施設	・福祉会館
医療施設	医療施設	・診療所
行政系施設	庁舎等	・市庁舎　・支所　・市政センター ・市民の窓口
	消防施設	・消防署　・分署・分遣所・出張所
	その他行政系施設	・環境センター　・清掃事務所　・備蓄倉庫 ・防災センター
公営住宅	公営住宅	・公営住宅
公園	公園	・管理棟　・倉庫、便所
供給処理施設	供給処理施設	・ごみ処理場　・クリーンセンター ・浄化センター　・地域冷暖房施設
その他	その他	・駐車場、駐輪場　・斎場、墓苑 ・公衆便所　・卸売市場　・共同販売所 ・職員住宅　・寮 ・浄水処理場
上水道施設	上水道施設	・配水場
下水道施設	下水道施設	・下水処理施設
医療施設	医療施設	・市民病院

表 3-1　総務省による施設分類

の用途をどこかに記録しておくことが必要になる。用途分類の使い方としては同種の用途の施設で比較したい場合が多い。その際に単独の用途の施設と複合用途の施設では比較が困難なことが多いので、種類として「複合用途」を設定することで十分なようにも思えるが、それぞれの事情を勘案して判断するのがよいであろう。

　所在地の記述方法も統一しておくべきである。例えば「2丁目3番地4号」とするか「2-3-4」とするのか等、表記の仕方や使用文字の種類（算用数字か漢数字か、また算用数字の場合は全角文字か半角文字か等）を統一しておくほうがよい。これはデータの検索の際に、表記方法や文字の種類が異なるとうまく探せないという事態が生じるためである。最近ではGIS（地図情報システム）というコンピューター上の多機能地図のようなソフトの利用が盛んになっている。GISでは施設などの所在地を位置情報として数値で保持しているが、可能であれば各施設について位置情報の数値データも加えておくと将来の利用価値が高くなる。

　建物として新築年次が必要となるのは、まず現時点で何年経過しているかという情報が必要なためである。人間でも年齢が重要な情報なのと同様である。ただし、情報の使い方として、年齢による予断を過度に含めるのは否である。40歳といっても20代の若さを保つ人もいれば、50代をしのぐような老成観を示す人もいるように、実年齢を単純な判断材料にするべきではないが、これは建物についても同様である。しかしながら経年に応じて劣化の進行をある程度は推測できることと、また時代によって建物の品質に違いを生じることもあり得るから、新築年次の情報は重要ということになる。

　建築をつくる際に主要な構造材料を何にするかは設計の方法に大きく影響する。また竣工後のメンテナンスの方法にも影響する。わが国で主に使用されるのは、鉄筋コンクリート造、鉄骨造、木造であるが、鉄筋コンクリート造と鉄骨造を融合したような鉄骨鉄筋コンクリート造も用いられることが

ある。鉄筋コンクリートについてはRC、鉄骨鉄筋コンクリートについてはSRCという略称が用いられることも多い。

建物の規模は建物にかかる費用（コスト）に直接影響する要因である。建築面積は敷地上で建物が占める面積であり、延床面積は建物の床面積の総計である。面積の測り方には柱の中心を通る線あるいは壁の中心を通る線で囲われた部分の面積とする方法と、壁の内法（室内側の表面）を示す線で囲われた部分の面積とする方法がある。建築基準法などでは柱や壁の中心線による面積を用いるが、登記など法務上は内法による面積を用いることが多いので、同じ建物でも面積が2種類存在することがある。このような場合、どちらかに統一して記録するという考え方もあるが、かえって混乱を招くだけであろう。例えば「芯々面積」「内法面積」というように両者をはっきりと区分して併記するのがよい。

敷地に関しては、登記上の表記に従って細かく記載することもあるが、主に財産管理の必要上から行われることが多い。施設管理の面からは施設全体の面積がわかればよく、それが施設情報として記録されていれば十分であろう。

❸ 施設の履歴

> 修繕・修理の記録は将来の修繕工事、その費用の概算に有効

病院でカルテが保存されているように、建物にとっても履歴は重要な情報である。それにも関わらず、それらがきちんと保存されている事例は極めて少ないのが実情である。建築の関係者にとっては、新築時点で作成された設計図や仕様書、あるいは竣工図（設計変更を含めた完成時点での建物の状況を示す図面）などの書類は竣工後も保管することは常識であるが、実際にはそれすら行方不明という事例も少なくない。まして途中の修繕や改修の記録は存在しないほうが当たり前という状況である。修繕をいつ行ったかという情報は、次の修繕をいつ行うべきかの目安になる。また頻繁に修繕を繰り返している建物あるいは部分があれば、そこは何か工事欠陥が存在する可能性があると判断できる。また将来の修繕工事

に要する費用の概算を推定することも可能になる。これまでこうした記録が系統的に保存されてこなかった理由としては、その重要性が認識されていなかった、ということに尽きるであろうが、工事費の支出処理を経理の担当者が行ったあとは書類はさっさと片づけられてしまう、という側面も影響しているように思われる。工事の発注から支払いまでの過程がコンピューター上で行われているとすると、その記録はコンピューターに残っているので、それらを施設情報として吸い上げれば記録の保管は容易である。現状ではそこまでのシステム化は進められていない場合が多いので、もし記録を保管するとすれば人手によって情報を入力することが必要になる。

　履歴情報をどのように記録するべきかについてはまだ定説はなく、実際に記録を行っているところでも方法はまちまちであろうと想像される。情報は整理されているほうが使いやすいので、必要な項目を設定し記述方法も統一するのが理想である。しかしそのように設定したとしても、工事の発注や支払いの書類から必要事項を拾い出して、項目別に整理するには膨大な手間がかかることが予想される。おそらく通常業務の傍ら非常に手間のかかる作業を並行して行うことは不可能であろう。当面の記録の方法としては、まず関係書類の保管場所を明確にして、建物の記録としては、「いつ修繕工事を行ったか」ということと「関係書類はどこにあるか」のみを記録しておくという方法がある。これなら入力の手間はほとんどかからず、必要があれば詳細は関係書類を参照すればよい。ただしこれはあくまでも緊急避難的な措置であり、いずれは整理されたかたちで情報が蓄積されていく仕組みを構築する必要がある。そのためにはまず業務をコンピューターで行うようにして、発注書や業者に提出させる書類等の書式を統一して電子化するなどが必要となる。業務のオンライン化や電子化は民間ではかなり進んでいるが、いずれ公共団体でも取り入れられていくことは間違いない。その際に合わせて修繕記録の仕組みを構築していけばよい。

❹ 施設の運用コスト

　施設の運用コストで代表的なものは、光熱水費、修繕費、清掃費、警備費等である。通常これらの費用の支払いは経理関係の部署でまとめて処理されることが多く、個々の施設についての情報を得ようとすると改めて書類を調査する必要が生じることがある。また複合施設などでは、建物全体の費用しかわからず、個別の施設について費用を算出しようとすると面積按分によるしかないということも多い。清掃費や警備費などは外注する事例がほとんどであり、面積按分でも問題はないと思われるが、光熱水費や修繕費などは用途の影響が大きく、単純な面積按分では問題が生じることが考えられる。特に光熱水費については省エネルギーの関係もあり、できるだけ正確に把握しておくことが望ましい。

> 光熱水費は費用と同時に使用量を記録する

　光熱水費は費用のみではなく、同時に使用量も記録することが必要である。エネルギー使用量は、建物の基本性能の優劣を推定したり、省エネルギー対策の効果を測定する上で非常に重要な情報である。もし費用の情報しか記録されていないとすれば、支払額から使用量を推定することになるが、エネルギー価格は変動するので面倒な計算が必要になる。使用量は供給会社から通知されるが、季節変動など将来の分析に備えて毎月のデータを細かく記録しておくことが望ましい。また光熱水費を一括で記録するのではなく、後々の分析に備えて上下水道、電気、ガス、重油などそれぞれ種類ごとに分けて記録することが必要である。さらに対象の建物に使用するものに限定しておくことも必要である。例えば公用車のガソリン代なども光熱水費に含めている事例があるが、他の施設との比較分析の際には使えないデータになることに留意するべきである。

> 修繕費は取りあえず部屋と部位を記録し、補修・部位交換・全面交換などと簡単に記述しておく。データベースソフトの活用が有効

　修繕費については、その金額によって所管の部署が異なる事例が多く、記録が分散しがちである。修繕履歴が詳細に記録できるのであれば、そこに費用についても記述しておけばよいが、大雑把にしか記録できないとすれば、費用だけは別

途記録しておくことが必要である。その際に修繕対象や内容をどのように記述するべきかという問題がある。これについてはまだ共通的な理解が存在せず研究の余地は大きいが、取りあえずは部屋と部位（床・壁・天井、設備種類等）を記録し、工事内容を補修・部分交換・全面交換などのように簡単に記述しておく程度でよいのではないだろうか。工事内容を示す写真を一緒に保存しておくと、あとからの場所や内容の特定が容易になる。この場合には、データベースソフトの活用を勧めたい。エクセルなどの表計算ソフトに写真を張り付ける方法もあるが、データ量が大きくなって扱いにくくなり、また後から検索を行うのは容易ではない。

(2) 施設マネジメントに余計な情報

> 情報の収集と管理は目的を明確にしてから行うのがよい

　最近はビッグデータの活用が話題になっている。ビッグデータとは、例えば個々人が持っている携帯電話の時々刻々の位置情報のようなもので、コンピューターの中に蓄積されている一見何の役にも立たないと思えるような膨大なデータである。最近ではデータ解析の技術が進み、以前では解析が難しかった膨大な量のデータから有用な情報を探り出すことが可能になってきた。そのためビッグデータは宝の山ということになりつつある。

　本項の冒頭で、情報を集める場合、まず何を集めるべきか限定的に考えたほうがよいと述べたが、これはビッグデータの話と矛盾するのではないか、と思われるかもしれない。ビッグデータは情報の収集がすべて自動化されているので、集められるものは集めておくことが可能になるのであって、人手による情報収集が前提の場合、集める情報は限定するほうがよい。つまり蓄積の方法により集めるべき情報の内容が変わるということである。公共施設マネジメントのための情報システムは、最初は人手で情報を収集してコンピューターに入力することがスタートになる。庁舎の業務がすべてオンライン化され、コンピューターに入力したり、通信により情報を

> データのエラーを減らすためには入力作業をできるだけ少なくするのが基本

やり取りすることがごく一般的な業務スタイルになれば、情報の収集や蓄積は特に意識しなくても自動化されるし、収集する項目に制限をつける必要はなくなる。しかし、人手による入力が主体の場合は、入力作業はできるだけ少なくすることが基本である。なぜなら、データの間違い（エラー）が最も生じやすいのは人手による入力の時点だからである。もしエラーを少なくする（ゼロにするのは不可能とされている）には、入力したものを再度チェックしなければならず、時間もコストもかかる。エラーを減らす最も効果的な手段は、エラーが発生しそうな機会を減らすことに尽きる。

❶ 他でわかる情報

　人手による情報入力を想定した場合、同じ情報を何度も入力することは絶対に避けるべきである。時間とコストの無駄であることと、エラーの原因になりやすいからである。ある箇所で保有する情報と、別の箇所で保有する同じ建物についての情報の内容が食い違っているのは珍しいことではない。それらを照合したとき、どちらが正しいかを判断するにはデータの原本にさかのぼる必要があるが、その原因はどちらかの箇所のデータ入力時のミスであることがほとんどであろう。情報管理の責任が明確になっていて、内容が信頼できる情報であれば、それを改めて入力するより、その信頼できるデータを引用するほうがエラーの可能性は少なくなる。理想的な状態としては、ある箇所である情報が必要になれば、信頼できる情報源を参照してそこから引用するようになっているのがよい。これはデータベース技術を利用すれば実現可能であり、このようになっている状態を「データのリンクが取れている」あるいは「リンクが張られている」などという。データのリンクが取れていると、データの内容が変更された場合、その変更があらゆる場面に反映されることになり、便利である。リンクが取れていないと、それぞれの情報に変更を加える必要があり、変更漏れなどがあれば内容の不一致を生じて

しまうことになる。単純な例では、住居表示の変更で所在地の名称が変化したような場合を想像していただくとよい。時々、古い住居表示のままの台帳を見かけることがある。

　他でわかる情報はそこから持ってくるのが原則である。データベース技術が導入できない状況であっても、確からしい情報のコピーを電子データとして入手して、それをそのまま入力するということも可能である。入力の手間は大幅に減るし、タイプミスによるエラーはゼロにできる。ただし入手元の情報の更新を定期的に行う必要があることを忘れてはならない。

❷ 利用するあてのない情報

　情報には、①絶対に必要な情報、②あると便利な情報、③必要になる可能性がある情報、④ひょっとしたら使うかもしれない情報、⑤滅多に使わないけれど関連のある情報、があるように思われる。ある情報がどれに該当するかは、情報を集める目的によって異なる。例えば公共施設の台帳で、建物の棟別あるいは期別の補助金について記載している場合がある。施設の点検や修繕のための台帳であれば、補助金はまったく必要のない情報である。他方で財産管理を目的とするのであれば補助金の情報は重要である。1つの台帳に複数の目的を持たせるとこのようなことになりがちであるが、筆者は情報の収集と管理は目的に応じてあるいは目的を明確にしてから行うほうがよいと考える。先にも述べたとおり、情報収集が自動化されていれば収集に際しての制限は必要はないが、人手による入力が主体になる場合は入力データに対する信頼性を挙げるために、収集（入力）する項目を絞るほうがよいためである。目的を明確にして、先ほどの情報の必要度でいうなら①に限って収集し入力するということからスタートするのがよい。②以下のレベルの情報は、もし必要が生じたら情報システムに項目を付け足せばよいだけである。すべての施設についてまた改めてデータを入力するのは大変だから、先

> 少しずつできるところから始め、徐々に拡張していくほうが成功する確率が高い

に入れておけばいいではないか、という声も聞こえてきそうであるが、簡単なデータベース技術を使えばデータ項目の追加はちょっとした操作だけで行うことができる。

ずいぶん以前に訪問した海外の大学の事例であるが、その大学は施設情報に関する独自のデータベースシステムを保有していた。当時はまだ便利な市販ソフトがない時代で、大学内で自ら開発したシステムであったが、なぜそのようなものをつくったのかと質問したところ、次のような答えが返ってきた。その大学には100年以上の歴史があり、古い建物と新しい建物が混在していて、研究室や講義室の部屋番号の付け方が建物によってまちまちであった。職員たちはそのことでいろいろ不便を感じていたので、まずは大学の中の建物の部屋番号をコンピューターを使ってリスト化しようというところから始まった。そのうちにそのリストにいろいろな情報を付加するようになり、いつのまにかそれが施設管理のデータベースになっていたということであった。このように必要最小限のことから始めると最初の負担は少なくなるし、必要が

> 流動的なデータは一つひとつを記録単位として順次データファイルに付け加えるのがよい

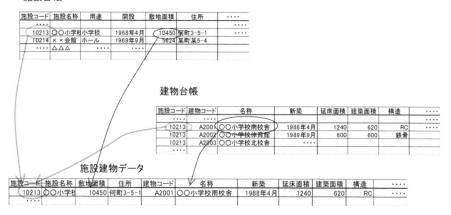

図3-2　データ連関のイメージ

あるから情報システムを使うということになる。情報システムはコンピューターがなければ成立しないが、コンピューター操作に慣れないために情報システムそのものに抵抗感がある人も多い。いやでも使い始めると徐々に慣れてきて、そのうちに便利さに気が付き、それなしでは仕事ができないという状況になっていくものである。かつてワードプロセッサー（ワープロ）が出現したころ、管理職の中にはワープロは使えないと言って、手書きの原稿を部下に渡して入力させている人たちが多かったが、それでも渋々使い始めると、そのうちに便利さに気付いて手放せなくなったのと同様である。

　新しいことを始めようとするとき、中身を欲張り過ぎると周囲の抵抗感が強くなる。少しずつできるところから始めて、徐々に拡大していくほうが周囲もなじみやすいし、成功する確率が高くなるのではないだろうか。革命的（急激）に変化させようとすれば傑出したリーダーが必要になるが、そのような人材は滅多に見つからないのが現実である。

3.3　施設情報の有効活用

　施設情報は活用しなければ収集する意味はない。単純な集計であっても得られる情報は貴重である。こうした情報活用の有用性はマーケティングの世界ではつとに知られていて、最近ではビッグデータの分析が話題になっていることは先にも触れたとおりである。データ分析の手法は年々進化し高度化しており、関連する書籍も数多く出版されているが、難しい手法を用いなくてもデータを時系列で並べたり横並びにして比較し現況の確認をするだけでも情報分析の価値はある。

(1) データファイルの使い分け
　施設の情報にはその施設が存在する期間はほとんど変わらないもの（固定的な情報）と、時間の経過に従って蓄積されていく情報（流動的な情報）の2種類があることは先に述べ

た。固定的な情報としては施設や建物の属性、すなわち所在地や竣工年、構造、規模などが相当する。また毎月の電気使用量や修繕記録などは流動的な情報といえる。もしこれらを1つのデータファイルに記述していくとすると、流動的な情報が増大して1つの記録のボリュームが増大し続けることになるので、あまり効率的ではないことは容易に理解できるであろう。固定的な情報は記録単位ごとに項目を作成し、ひとまとめのデータファイルとして保存し、内容に変更があれば修正することでよい。流動的な情報は、一つひとつを記録単位として順次データファイルに付け加えていく方法で管理するのがよいと思われる。例えばAという施設（あるいは建物）の2016年8月の電気代であれば、Aの電気代であることを示す情報を付加して金額（使用量を加えてもよい）を記録する。データとしては、「Aのコード番号」、「2016年8月」、「電気代」、「金額」、ついでに「使用量」をセットにして1単位の記録とする。もし年次報告などで一覧にする必要があれば、コンピューターが必要な情報を拾い出して並べるようなプログラムを作成しておけばよい。ここで重要なのはコード番号で、これを手がかりにして固定的な情報と流動的な情報を結び付け、集計を行うことになる。例えば床面積1㎡あたりの電気使用量を知るためにはその施設の延床面積の情報が必要になるが、それを使用量の記録に含めておく必要はない。固定的な情報のファイルから引き出して計算すればよいということになる。施設の利用者数一人当たりの使用量なども知りたくなることがあるが、もし施設についての利用者数に関する記録がどこかにあれば、先ほどの床面積あたりの場合と同様に処理ができることになる。

　以上のようなことを1つのファイルで記録しようと考えると、必要と思われるデータ項目は際限なく増加することになる。またデータ入力の方法も項目が増えるに従って変えていかなくてはならなくなり、情報システムのメンテナンスに手間がかかることになる。情報の管理はなるべくコンパクトに

して、コンピューター内部で結び付けられるようにするほうがずっと得策である。

(2) ベンチマーキングの活用

ここでは比較分析の基本であるベンチマーキングについて述べる。ベンチマークとは本来は測量における水準点のことをいう。そのことから、測定のための基準点という意味で使われる言葉である。類似のもの同士を比較して問題点を発見したり、優れた事例（ベストプラクティスという）を発見して問題改善につなげたりすることをベンチマーキングと呼んでいる。

> 類似施設を比較して問題点や優れた事例を発見し、問題改善につなげる

例えば電気使用量を比較して、平均的な使用量よりも多い施設があれば、そこでは電気の無駄遣いがあるのではないかということに気が付く。また使用量が少ない施設があれば、その施設の節電方法を周囲が見習えばよいということになる。このようなことを繰り返せば、全体としてのレベルが向上していくことが期待でき、ここにこそマネジメントを行うことの大きな目的がある。

施設に関しての情報が充実してくれば、さまざまなベンチマーキングに活用できる。よく行われるのはエネルギー消費量についてのベンチマーキングであるが、比較するには施設の大きさや利用者数の違いなどを考慮する必要がある。例えば施設延床面積1㎡あたり、あるいは利用者数一人当たりという単位に換算する必要がある。そのためには施設の延床面積あるいは利用者数などのデータがわかっていることが必要となり、つまりは施設情報の整備が重要になるというわけである。類似した施設を横並びにしてみると、電気代あるいは使用量が異常に多い施設と少ない施設の差が歴然としてくる。通常1つの施設だけを見ていると、そこでの電気の使用量が多いのか少ないのかは客観的にはわからないが、比較を行うことで問題の発見は容易になる。

> ベンチマーク（benchmark）：比較のために用いる指標

施設間の比較もあるが、同一施設について時系列で比較す

ることも有効である。例えば省エネルギー対策を実施する前後で比較して効果を検証したり、利用者数や利用方法の変化がどのように影響しているかなどの分析ができる。節電目的の改修であれば、改修前と改修後について、同じ月の電気代を比較すればその効果を評価することができる。もし効果が大きければ他施設についても改修を進めるという判断ができるし、もしさほどの効果がないとすれば改修の方法を再検討することが可能になる。某大学における過去の事例であるが、毎月の水道使用量を時系列で見ていたところ、ある時期から使用量が急増していることを発見した。特に施設を増設したというような事情もないので、漏水の可能性を疑って敷地内を調査したところ、案の定、大きな漏水を発見したということであった。ちなみにその施設では水道管の老朽化が進行しており、さらに調査を進めたところ、実は年間使用量の半分近くが地面に吸い込まれていたことがわかったという後日談がある。短期間に生じる異変は気付きやすいが、長期にわたって徐々に生じている異変には気が付きにくいものである。

　ベンチマーキングだけですべての問題を発見できるわけではないが、人間の健康診断と同様に、定期的に行うことで問題の発見につなげることが期待できる。また比較対象は多いほどよいので、周辺の地方公共団体間で、できれば全国の地方公共団体間で比較できると理想的である。そのためには施設情報の内容や記録方法などを統一し、またデータを共有化していつでも比較が可能になるようにすることが理想である。

コラム　1

コンピューターの威力

● なぜコンピューターはすごいのか

　情報管理にコンピューターは欠かせない存在だが、電子メールとホームページの閲覧に使うだけという方も多いと思われる。そのような方々のために、いささか脱線気味ではあるが、なぜコンピューターがすごいのかについて説明したい。

　コンピューターは日本語では電子計算機と呼ばれる。あくまでも計算をする機械なのだが、20世紀最大の発明のひとつといってもよいであろう。最初の本格的なコンピューターは第2次世界大戦直後の1946年にアメリカでつくられたENIAC（エニアック）とされている。計算という作業を機械化する試みは紀元前からあったとされるが、画期的に技術が進んだのは第2次世界大戦後のことである。このENIACという計算機は、弾道計算すなわち大砲の弾の飛び方を計算するために開発されたもので、真空管（トランジスタができる前に使われていた電流の増幅装置で、白熱電球を複雑にしたような構造をしている）を約1万8,000本使用し、大きな部屋いっぱいを占領していたといわれている。性能は、われわれが使う安物の電卓にすらはるかに及ばないもので、1秒間に足し算（引き算）を5,000回余りできる程度であったという。（ちなみに、現在では1秒間に数十億回あるいはそれ以上というレベルにまで進化している。）その後、トランジスタや集積回路が発明されることでコンピューターの能力は幾何級数的な進歩を遂げ、電卓（電子式の卓上計算機で、これも広義の電子計算機といえなくもない）が市場に出回るようになった。その電卓に使われていた計算機能を受け持つ部品が進化してつくられたのがわれわれが身近に使っているパソコン（パーソナル・コンピューター）であり、市場には1980年頃から出回り始めた。

　電卓やコンピューターが一般化する前、といってもわずか30、40年ほど前のことであるが、計算はもっぱら人間が行っていた。例えば2+3のような足し算は、石ころを2つ並べ、さらに3つ並べて数えると5であることがわかる。小学校で足し算を習う前の子供であれば、自分の指を折って同じように5という答えを見つけるであろう。小学生にもなるとこの程度の計算なら暗算でできるようになるが、暗算は簡単な計算の結果を記憶していることで可能なのであって、2+3などの計算結果を求めるための基本は何も変わらない。また算盤という道具はわが国ではさまざまな場面で日常的に使われていた計算道具だが、原理は石ころを並べるのと同じである。ただその表示の仕方に工夫をして、位取りを設けたり、5を表示するなどして、使いやすくなっているのである。やや複雑な計算になると、紙と鉛筆で筆算ということをやってい

たが、これも簡単な計算結果の組み合わせを数字で書き記して、忘れないようにしながら繰り返していることになる。その後、電卓が普及すると複雑な計算はもっぱら電卓に頼るようになってしまったが……。

ところで電卓とコンピューターはどう違うのであろうか。これについては少し後で触れることにする。

われわれが算用数字で数を表記するのに使っている方法を「10進法」というのはご存じであろう。マイナスの数を考えないとすれば数は「一」から始まり、算用数字ではこれを「1」と表記する。また無を表す「0」(これも世界の歴史を変えた発見といわれている)を加えて0〜9の10個の数字が算用数字のすべてである。10進法では、「九」すなわち「9」の次の数である「十」を表記するためは、桁を1つ増やして「10」と表記する。「十」で桁が1つ増えるので10進法というのである。ここで数を表すのに意図的に漢字を使用したが、数を漢字で表記すると正確には10進法といえなくなる。なぜならば、使用する数字の数は百、千、万などを入れると10を越えてしまっているからである。過去に計算のための機械をつくる試みがいろいろなされてきたが、その場合、ほとんどがこの10進法を踏襲していた。最初の本格的電子計算機とされるENIACでも計算には10進法を採用していたとされている。

実はコンピューターの進歩はこの10進法を捨てたところから始まる。現代の電子計算機の可能性を理論的に示したのはフォン・ノイマンという人で、1945年にその論文が発表されている。その中でノイマンは2進法の採用、プログラム内蔵式・逐次処理型の計算機を提案し、これが現代のコンピューターの基本となっている。そのために現代のコンピューターはノイマン型と呼ばれている。2進法とは0と1の2つの数字しか使わない表記方法である。0、1ときてその次の2は10と表記される。2進法のメリットは、0と1を例えばスイッチのオフとオンのように単純な状況に対応させられることにある。コンピューターでは電圧の高い状態と低い状態をそれぞれ1と0に割り当てることが多いが、その差を十分に取ってあれば多少の電圧変動があっても0と1が入れ代わる危険がないのが大きな利点である。また0と1という信号を受けて(入力という)0か1の信号を返す(出力という)ような電子回路をつくれば、足し算などの計算が可能になる。例えば0と1を入力して0を出力する回路はAND回路と呼ばれ、また同様の入力に対して1を返す回路はOR回路と呼ばれている。これらを簡単な例で示してみよう。電池と電球をつないだ回路にスイッチが1つ付いている状況を想像していただきたい。スイッチをオンにすると電球が灯り、オフにすると消える。ここにもう1つスイッチを追加することを考える。今あるスイッチと電球の間に追加したとする。これはスイッチを一列になるように(直列に)並べたことになるが、こうすると両方のスイッチがオンにならない限り電球は灯らない。スイッチがオンの状態を入力の1(オフならば0)、電球が灯った状態を出力の1とすれば入力が0と1の場合は出力は0となる。一方で、スイッチを横に並べて電線をそれぞれのスイッチの前後につないだ状態を考える。これを

並列接続ということはご存じの方も多いであろう。並列の場合はどちらか一方のスイッチが入っていれば電球は灯ることになる。従って、先ほどと同じように入力を0と1（正確には0と0の組み合わせ以外）にすると出力は1ということになるので、これはOR回路ということになる。この回路以外にも4種類の基本的な回路があり（これらは論理ゲートと呼ばれている）、これらを組み合わせることで2進法の加算を実行することができる。計算機械としてのコンピューターが中心的に行っているのはこれだけなのである。あとはその実行の仕方を指示する（プログラムとして与える）ことにより、単純な足し算だけでなく複雑な計算を行わせるのである。機械としてのコンピューターをハードウェア（ハード）というのに対して、指示を与えるプログラムをソフトウェア（ソフト）という。コンピューターはハードが重要であることはいうまでもないが、それ以上にソフトウェアが重要なのは「コンピューター、ソフトがなければただの箱」となってしまうためである。

● コンピューターに計算をさせる方法

コンピューターにはソフトが重要という話をしたが、そのソフトとはどのようなイメージのものであろうか。簡単な足し算を例にして説明してみたい。例えば2+3という計算をするとしよう。「そんなもの計算しなくてもわかる」という声が聞こえてきそうだが、あくまでも例である。まずコンピューターを使わないとすればどうするか。暗算はなしとすれば、先に説明したように石ころを持ってくるとか、算盤を取り出してまず2を置いて、そこにさらに3を置いて、改めて数え直して5という答えを出すという手順を踏むことになる。別の計算、例えば3+4ならばまた同様の手順を踏んで7という答えを出すことになる。では電卓ではどうか。電卓のスイッチを入れて、「2」というキーを押し、「+」のキーを押し、さらに「3」と「=」のキーを押すと画面に「5」が表示される。所要時間としては石ころや算盤と大差はないはずである。また新たな計算のためには同じ手順を繰り返す点も変わらない。電卓が威力を発揮するのは複雑な計算になったときである。例えば3桁の数値同士の割り算にでもなると電卓が圧倒的に早いことは十分おわかりだろう。

ところでコンピューター（ここではパソコンを想定する）に計算をさせるにはどうするか。「マイクロソフトのエクセルを使う」という方が多いかもしれないが、それはさておいて、もっと原理的なところから説明してみよう。コンピューターを動かすにはプログラムが必要ということを先に述べた。ではそのプログラムとはどのようなものかをイメージとして説明する。目的は2+3という足し算の結果を求めることとする。コンピューターに指示を出すためには「プログラミング言語」を使用する。これは人間が理解できるかたちで指示する内容を記述し、それをコンピューターが自分で理解できる言葉（マシンコードと呼ばれている）に翻訳して実行するソフトウェア（これもまたプログラム）である。その中にはさまざまな命令を出す単語のようなものが規定されており、それらの組み合わせで文章をつづるようにプログラムの本体を記述

していく。「+」という文字列（以後、コードという）は、その前後に書かれた数値を加えて、その結果を返す（どこに返すかは別途規定されているとする）命令であるとする。すると「2+3」というコードが記述されていたとすると、コンピューターは「5」という値をどこかに返すという働きをすることになる。しかし、そのままでは人間には結果が伝わらないので、計算の結果を画面に表示してほしいということになる。そこで「print（2+3）」というコードを記述する。「print（ ）」は（ ）の中にある数値あるいは ABC などの文字列（これもコンピューターの中では 0 と 1 の羅列で表現されている）を画面に表示せよという命令である。このコードを実行するとコンピューターは 2+3 を実行して結果の 5 を画面に表示する。これで人間にとってはやっと計算ができたということになる。

単純な計算であれば、こんな面倒なことをするまでもないが、電卓と同じように計算の手間が増えるほどコンピューターの威力は絶大になる。例えば円の面積の計算を考えてみよう。円の面積は「半径×半径×円周率」で求められる。直径 5cm の円の面積であれば 2.5×2.5×3.14 ということになるが、これを先ほどのプログラムに当てはめると、print（2.5＊2.5＊3.14）ということになる。なお計算記号の「×」という記号は基本の文字や記号の中にはないので（エックスになる）、掛け算の命令は「＊」（アスタリスクと読む）を使うことが多い。このコードを実行するとコンピューターは画面に「19.625」と表示するはずである。しかし、計算のたびに「2.5」やら「3.14」をプログラムに打ち込むのはちょっ

と面倒である。面積ならば同じ数字を 2 回であるが、球の体積（半径×半径×半径×円周率×4÷3）になると半径の数字を 3 回も打ち込むことになる。そこでプログラムで少し工夫をする。半径を r という文字で表すことにして、print（r＊r＊r＊3.14＊4/3）とする。なお「/」はスラッシュと読んで、割り算の命令を表している。しかしながらこのままでは、コンピューターには「r」がどんな数値を表しているかわからない。（一部のプログラム言語では、このような場合は r=0 と解釈する。）そこでプログラムを「r=2.5；print（r＊r＊r＊3.14＊4/3）のようにする。最初の部分は r の値を 2.5 とせよという意味であり、「；」は命令の区切りを示すものとする。こうすれば 2.5 を 3 回も打ち込む必要はなくなり、楽である。また半径を 4cm にするなら、2.5 の部分を 4 に変更するだけですむ。

ではこうした使い方ができれば十分かというとそうではない。簡単なプログラムならばいざ知らず、複雑な計算になると記述される文字の数は膨大になる。その中からいちいち変更する数値の部分を探し出し、書き直すとすれば効率的ではないし、間違いも確実に増えるので、実用にはならないことになる。そのためにどうするかというと、計算対象とする数値（データ）と、計算を命令するコード群（プログラム）を分離してしまうのである。データはプログラムの中で外部からの入力として取り込むような命令を加える。その命令を「input（ ）」と記述するとすると、これはあらかじめ決められたところ（例えばキーボード）から（ ）の中にデータ（数値）を取り

込めという命令になる。プログラムを「input (r)；print (r＊r＊r＊3.14＊4/3)」のようにして実行すると、画面に入力を促すサインが示される。そこでキーボードで「2.5」と打ち込むとrに2.5が入れられて計算が実行され、画面には「65.416666」というような数字が表示されるはずである。ちなみにこの計算を筆算でやると……筆者は約3分を要した。電卓でもキーを押すだけで10秒くらいかかるであろう。コンピューターではこのプログラムを保存しておき、必要なときに呼び出して実行すれば、キーボードから半径の数値を打ち込むだけで簡単に球の体積を求めることができる。さらに処理するデータが増えてくると、いちいちキーボードから数値を打ち込むのも面倒になるし間違いも増えてくる。そこで処理するデータを別のかたちで記録しておき、それをコンピューターに読ませて処理をするという方法を利用する。この「別のかたち」についても歴史的な経緯があって、ごく初期のコンピューターでは紙のテープに所々に小さな穴を開けたものが使われていた。それが磁気テープやフロッピーディスク（薄い円盤状の記録媒体）になり、現在ではハードディスクやDVD、あるいはインターネット上の別のコンピューターなどになってきている。記録の方法が進歩するにつれて記録できるデータの量が爆発的に増え、現在ではビッグデータと呼ばれるものも処理対象になっている。手計算や算盤、電卓では到底処理できないものが、処理可能になってきたのである。

　またプログラムとデータが分離することで、データを処理する側も使いやすくなっている。算盤や電卓では、計算の方法そのものを理解している必要があり、多少複雑な計算では数式をいちいち確認しながら処理をすることが求められた。つまり理論や計算手順に対する理解がなければ、データの処理はできないことになっていた。ところがコンピューターのプログラムを呼び出すだけで（呼び出し方はいろいろであるが、最近ではアイコンをクリックするだけというものが多い）使用できるとなると、その内容の細かい部分は知らなくてよいということになる。ちょうど自動車を運転するのには、ハンドル操作とアクセル・ブレーキの使い方を知っていればよく、エンジンやトランスミッション、サスペンションなどがどこでどう働いているかについて細かく知る必要がないのと同じである。つまりデータさえきちんと準備できれば、あとの必要な処理はコンピューター任せにできるという時代になったのである。

　以上のことを頭に置いていただくと、施設情報の整理についての話がわかりやすくなるであろう。

（小松幸夫）

ケヤキと本の並木道
交通量が減少した駅前大通りのケヤキ並木に図書館や保育所を整備して歩行者のための空間として再生してはどうだろう?
4.10 「リバースデザイン」という考え方 (p.149) 参照

4

整備計画策定のための準備と作業

4 整備計画策定のための準備と作業

　公共施設の整備をどのように進めていくか、という問いに一般解はない。自治体の環境や立地、政策的な方向性によってその答えは異なるからである。しかし整備計画の前に施設評価を行い、現状を客観的に把握することが整備計画の方向性を確認・決定する上で不可欠であることを改めて説明する必要はないであろう。そして整備計画の進め方に合わせて段階的に施設評価を行う手法を確立することが、整備計画策定を円滑に進めるカギとなる。

　そこで本章では、施設評価の進め方とその手法例を示しつつ、整備計画策定の要点について説明したい。

　なお本章で示す分析手法や評価手法で用いている数値や指標が必ず入手できるとは限らない。また自治体の目指す方向性や状況によって分析・評価項目を変更すべきかもしれない。重要なのは客観的な根拠を持つ施設整備を実現することであり、その準備作業である分析・評価を各自治体が迅速かつ適切に実施できる体制を確立することである。

4.1　整備計画策定の手順

　公共施設マネジメントでは、施設単体で今後の整備計画を検討するのではなく、自治体が保有する全施設との関係性を配慮して個々の整備計画を策定することが求められる。しかし全施設の詳細な整備計画を一斉に策定することは、費用面から見ても現実性がない。つまり施設整備計画では、整備を行うべき施設を選定するために全施設を対象にした簡易な施設評価を行う段階から、選定された施設に対する具体的な整備手法の検討を行うために詳細な施設評価を行う段階まで、いくつかの段階がある。各段階に合わせて必要な情報や作業内

容が異なることを明確に理解し、作業を実行することが求められる。

そこで各自治体が置かれている状況を的確に把握し、将来へ向けた中長期的な計画作成と戦略的な公共施設マネジメントを推進する具体的な整備計画策定の手順を **[図4-1]** に示す。この手順では、公共施設マネジメントの進捗状況により目的を5段階（PHASE）に区分し、それぞれの段階で行うべき作業内容を示している。各段階は順を追って実行することで、計画的かつ効率的な整備計画の策定と実施につながる。

PHASE 1　自治体全体の状況把握

> 基本方針を示すために基本情報の整理を行う

最初の段階である［PHASE 1］では、自治体全体の公共施設マネジメントの基本方針を示すために、整備計画の有用性や目標値などの妥当性を確認できる基本情報の整理を行うことが作業目的となる。

作業内容としては、自治体全体の公共施設の基本情報（用途、建設年、施設量、配置など）に加え、広く一般に公開されている人口や財務諸表など自治体に関わる公開情報を基に、公共施設全体の整備状況と今後の見通しについて確認するこ

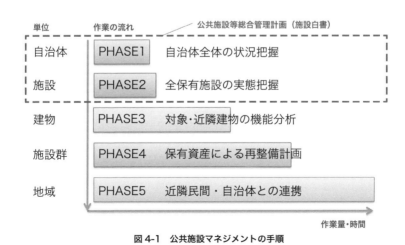

図4-1　公共施設マネジメントの手順

とが中心になる。

　公開情報を用いることで他自治体との比較も可能になるため、うまく比較検討を行えばこれまでの整備の進捗状況を客観的に把握することが可能になる。またこの比較分析では、単に近隣自治体や同規模自治体との差異を認識できるだけでなく、その差異が生じる要因を明確に把握することで、より効率的な整備計画を検討することが重要になる。

PHASE 2　全保有施設の実態把握

> 早急に対応が必要な公共施設を抽出する

　［PHASE 1］の次の段階である［PHASE 2］では、個々の公共施設の実態を客観的に把握し、早急な対応が必要な公共施設の抽出を行うことが作業目的となる。公共施設等総合管理計画で求められている作業内容は、この［PHASE 2］の段階までと考えられる。

　作業内容としては、各課あるいは各部局が管理している施設情報の整理・分析により、全公共施設の実態について正確かつ客観的に把握すること、そして課題を抱える施設を抽出し、今後の整備計画の方向性を確認するために簡易評価を行うことが中心になる。ただし全施設について詳細な情報収集を行うのは現実的に困難であるため、［PHASE 2］における施設情報の収集は簡易施設評価に必要な最低限の情報に留めることが望ましい。結果として抽出された公共施設については、別途現場でその問題箇所を確認し、その対応を検証した上で今後の具体的な整備計画を検討することが求められる。

　また施設整備の現状や基本的な方向性について、自治体内部だけでなく関係者や住民も把握・評価できる環境を整えておくことが今後の円滑な整備計画策定につながる。整理・分析した結果を白書や報告書として広く一般に公開することが重要である。

PHASE 3　対象・近隣建物の機能分析

　この段階では、［PHASE 2］で抽出された課題を抱える公

> 地域全体でどのような公共サービスが提供されているかを把握する

共施設だけでなく、その近隣にある公共施設についても機能や状態を建物ごとに分析し、対象地域内にある公共サービス全体のバランスを配慮しながら具体的な公共施設マネジメントを検討することが作業目的となる。

作業内容としては、[PHASE 2]よりも詳細な施設分析・評価を行うため、対象施設におけるヒアリング等により利用方法や管理体制、各費用など施設内の建物ごとに詳細な情報収集を実施するとともに、用途や状態に関わらず対象施設とその周辺施設の機能を洗い出し、対象地域でどのような施設でどのような公共サービスが提供されているかを把握する。

従来は施設単体でマネジメントを検討していたため、新たな公共サービスの需要に対しては個々の施設の拡大や縮小での対応が検討されてきた。しかし今後は地域全体で公共施設の統廃合や用途変換などによる施設機能の見直しを進めることで、施設総量の縮減を前提に地域全体での公共サービスの質の向上を実現させるような施設整備の検証ができるかどうかがポイントになる。

PHASE 4　保有資産による再整備計画

> 公共サービス向上のための地域整備案を具体的な整備計画に落とし込む

この段階では、[PHASE 3]の作業をもう一段階進め、対象地域内にある公共施設の有効活用を検討し、公共サービスの向上を図る地域整備案を具体的な整備計画に落とし込むことが作業目的となる。

作業内容としては、対象地域にある公共施設の配置や状況を踏まえ、中長期的な視点から対象地域に本当に必要な施設量を検討し、その具体的な施設量や整備費の概算結果を基に整備案を作成することである。その際に複数の整備案について比較検証し、その中から最終的に実施まで行う整備案を決定する手法が望ましい。

なお公共施設自体の用途や所管課の枠を取り払い、地域全体で公共サービスや施設整備を検討できれば、個々の施設の活用範囲が広がるため、結果的に統廃合や用途変換などによ

り施設量が縮減する可能が高くなる。そのため関係課・部局との調整・協力体制の有無がこの段階で大きな影響を与える。

PHASE 5　近隣民間・自治体との連携

> 民間や他自治体との枠を取り払い、地域全体で公共サービスの充実を図る

　整備計画の最終段階として、[PHASE 4]の対象範囲をもう一段階広げ、対象施設の周辺にある民間企業や近接自治体との共同利用など、地域全体で公共サービスの充実を図る具体的な整備案を整備計画に落とし込むことが作業目的となる。

　作業内容としては、自治体自らが従来の民間や他自治体との間にある枠を取り払い、地域全体で公共サービスの質の向上を目指した取り組みを検討できる組織体制が不可欠である。また多くの関係者との調整が必要になるため手間や時間がかかるが、より効果的な整備案を検討するためには欠かせない作業となる。

　この[PHASE 5]が実現している自治体は全国的に見てもごく少数しか見当たらない。また従来の公共施設の整備方法とは大きく異なるため、反発や妨害が起こることが考えられる。しかし多くの自治体では人口減少や財政悪化が避けられないことから、自治体の存続をかけて既存の行政の枠にとらわれない地域全体で公共施設を整備していくことが求められている。

4.2　公共施設の複合化の考え方

(1)「供給」量を減らす必要性

> 多くの自治体で公共施設の供給量削減は避けられない状況にある

　多くのファシリティマネジメント（FM）の教科書には、「財務」「品質」「供給」の3要素がFMの目標として示されている。この3要素のバランスを取りながら最適解を模索することがFMの主作業であり、難しさでもある。しかし現実的には、多くの自治体においてFMの方向性はほぼ決まっている。というよりも、方向性を検討する余裕すらないのが実情ではないだろうか。

なぜなら全国的に公共施設の老朽化や陳腐化などの問題が注目され、現状のFMのあり方が問題視される中、施設の「品質」を低下させることは許されない。しかし「財務」に余裕がある自治体は少なく、さらに今後の「財務」状況は厳しくなると考えられるのであれば、公共施設全体の「供給」量を絞り込むしかない。つまり多くの自治体で公共施設の「供給」量の削減が避けられない状況にある。

　このような状況の中、公共施設全体の「供給」量を削減すべきという全体的な方向性（＝総論）については理解者が増えつつあるが、具体的な施設を取り上げて「供給」量の削減を検討する個別的な方針や計画（＝各論）になると、住民や議会さらには庁内で強い反対運動が起こり、施設整備の実施までたどり着かない自治体が多い。いわゆる「総論賛成、各論反対」である。

　そこで本論では、公共施設の「供給」量の削減を前提に、集約・複合化による施設整備を実現するためには何を検討する必要があるのかを考察したい。もちろん「財務」や「品質」を向上させる手段があれば、一概に「供給」量を削減する必要はないことは申し添えておく。

(2) 施設の集約・複合化の目的と手段

効率的な運用・管理は、FMの目的ではなく手段にすぎない

　施設の集約・複合化は、点在している資産（人材を含む）を1カ所にまとめることで効率的な運用・管理が見込まれることから、FMの検討の際には欠かせない手法である。特に「供給」面から見ると、各施設に存在する無駄な空間や設備を集約・共有することで、それらを削減・利活用することが可能になる場合が多い。また「財務」面から見ても、無駄な空間や設備を削減・利活用することにより費用削減につながるため、有用な手段である。このように集約・複合化の効果はわかりやすく理解も得やすいため、「効率的な運用・管理」を目的とした集約・複合化がまず検討の俎上に載るのは自然である。

しかし「効率的な運用・管理」をFMの目的にするのは問題がある。なぜなら「効率的な運用・管理」は、FMの目的ではなく手段だからであり、単に「効率的な運用・管理」を目指すだけではFMが本来目指している適切な施設整備が実現する可能性は低い。

もちろん「効率的な運用・管理」は「財務」縮減を実現することから、財政悪化に苦しむ自治体にとって不可避な方向性であり、施設の集約・複合化の目的として掲げても特に問題はないように思えるかもしれない。しかし手段と目的の違いを理解していないと、FMを進めているうちに目指すべき方向性が不明瞭になり、迷走する可能性が高くなる。実際に、当初は集約・複合化による「供給」量の削減を目指した施設整備を進めていたにも関わらず、気が付くと以前よりも大きな複合施設が計画・建設される事例が多い。

では公共施設の集約・複合化の目的には何を設定すべきか。それは集約・複合化する施設における「品質」、より具体的に表現すれば「公共サービスの『品質』」向上の実現でなくてはならない。つまり公共施設の「効率的な運用・管理」は、公共サービスを向上させることができて初めて成り立つ。

なお、すでにお気付きかとは思うが、このFMの目的と手段との関係には、民間と自治体の違いはない。民間の施設管理手法として発展したFMの概念を、ほぼそのまま公共施設にも活用できる理由がここにある。

(3) 利便性から見た施設の集約・複合化

官民連携や広域連携による集約・複合化を検討する

公共サービスと公共施設を切り離して検討することが前提になれば、単なる公共施設の集約・複合化ではなく、官民連携や広域連携といった、公共サービスを自治体単独で提供しないかたちの集約・複合化の検討も容易になる。

ここで集約・複合化により施設整備を進める際の最大の障害かつ焦点になるのは、利便性の問題である。特に整備後の施設が移転により遠くなる住民から、安易な集約・複合化に

反対する行動が起こるのは当然である。

　だからこそ集約・複合化により公共サービスの「品質」向上が実現することを、住民ら関係者全員に理解していただく努力が必要になる。もし住民全員の利便性確保が施設整備の最も重要な評価ポイントであるとすれば、おそらく集約・複合化よりも分散化を進めることになる。あえて集約・複合化を実施するのであれば、利便性が少し犠牲になっても住民の満足度が高くなる「品質」向上を実現する整備結果が求められる。

(4) 個別整備から地域整備への展開

> 個々の施設の範囲内で完結するのではなく、地域全体で調整することが不可欠

　実は「効率的な運用・管理」という手段は、残念ながら住民にとってあまり関心が高い項目ではない。住民にとってみれば、自治体が公共施設を効率的に運用・管理するのは当然であり、またその責任は管理者である自治体にあると思いがちである。しかし本来は、実質的な所有者である住民の責任であろう。そのため効率的な運用・管理につながる集約・複合化であっても、自分たちにとって「品質」向上にならない施設整備であれば、なぜ自治体の都合で自分たちの利便性が悪くなる必要があるのか、納得できない場合が多い。利用者の負担が増加する改変は、もし必然性があったとしても理解されない。なおこの点については、基本的に公共不動産と民間不動産との違いはない。

　一方で公共不動産と民間不動産では決定的に異なる部分がある。それは提供するサービスの内容や範囲を決める自由の有無である。民間であれば、利益が出なければそのサービスや地域から撤退することが可能であるが、少なくとも自治体はその地域から撤退することはできない。公共サービスの公平性の観点からも、自治体の都合だけで採算が合わない公共サービスを廃止することは基本的に許されない。逆に地域全体に及ぶことなく一部の住民の利益にしかならない公共サービスは、その存在自体を再考する必要がある。

そこで公共施設で提供している公共サービスの「品質」を地域全体で検証できるようになると、利便性の問題解決は新たな展開が可能になる。従来のように公共施設の「供給」面での公平性を重視すると、「供給」量を減らすことは難しい。しかし集約・複合化による「供給」「財務」の縮小分を公共サービスの「品質」に回せれば、利便性が高くなった住民はもちろん、利便性が低くなった住民にとっても集約・複合化するメリットが生じる。また地域全体で見て、集約・複合化により従来よりも多くの地域住民の利便性が高まるように施設整備を進めれば、自分の利益だけを強硬に主張するなどの一部の例外を除き反対運動は起こりにくいと考えられる。

このように今後の施設整備は、個々の施設の範囲内で完結する個別整備ではなく、地域全体で調整する地域整備の概念が不可欠である。この概念はエリアマネジメントとして近年注目を浴びているが、地域に根付いた多様な施設を保有している自治体こそ、他に先駆けて地域整備を実施することが求められている。

4.3　自治体全体の実情を把握する

本章では、主に［PHASE 1］の段階で行う作業内容とその効果について述べる。なおこれまで自治体が保有する資産や財務状況の情報は、外部からアクセスが難しい状況であったが、近年はかなり公開情報が進んでいる。もちろん詳細な分析を行うには不足しているかもしれないが、公開情報だけでも自治体全体の実態把握はある程度可能である。

(1) 公開情報から公共施設を把握する

まずは近隣自治体や全国の施設量との差異を把握する

全国の自治体における施設整備の状況について比較分析するのであれば、総務省が公開している地方財政状況調査関係資料の「公共施設状況調経年比較表」が最も有益な資料である。全国の全自治体における施設の整備状況（延床面積）が用途

GIS（Geographic Imformation System）：地理空間情報を総合的に管理・加工し、高度な分析や迅速な判断を可能にする技術
http://www.gsi.go.jp/GIS/whatisgis.html

e-stat：日本の統計が閲覧できる政府統計ポータルサイト
http://www.e-stat.go.jp/SG1/estat/eStatTopPortal.do

別に分類され一元化されている。残念ながら「公共施設状況調経年比較表」の用途分類はかなり偏っているものの、全国の自治体と客観的な比較ができる資料は限られていることから、まずはこの資料を基に自分たちの自治体と近隣自治体や全国との施設量の差異を知ることから始めるべきである。

もし近隣自治体や全国と比べ施設量が多い、もしくは少なくても、正当な理由があれば問題はない。ただしその理由が本当に将来的な自治体の発展につながるのか、という再検証は必要である。もちろん正当な理由がなければ、これまでの整備計画を見直す必要がある。

施設の活用や運用はその立地条件に大きく影響されるため、個々の公共施設の立地条件を把握することは重要である。施設情報を地図上にプロットし、その立地条件を明確にするため、施設評価にはGIS（地理情報システム）の活用が望まれる。公共施設の位置情報は、施設台帳や固定資産台帳で把握できるので、地図上にプロットすることが可能である。なおGISで活用できる地図情報については、国土地理院のサイトや政府統計の総合窓口であるe-stat上に数多く存在する。その中から関係がある指標をいくつか組み合わせるだけでも簡易的な分析であれば十分可能である。最低限でも施設の延床面積・築年数・用途が地図上に示されれば、施設整備の方向性を検討する最初の資料としての役割を果たす。また一度GISで公共施設の配置図を作成してしまえば、施設情報を重ねることで、より詳細な分析が面的な広がりをもって可能となる。

（2）人口推移から将来を予測する

最も精度が高く、最も利用しやすい将来予測は人口の推移

公共施設マネジメントには長期的な視点から自治体の運用を支援することが求められている。そのため現状把握だけでなく、将来についての状況判断を踏まえた検討が不可欠であり、できる限り正確な将来予測が必要となる。しかし将来予測の手法はさまざまあれども、信頼できるほどの精度を持つ将来予測は少ない。

その中でも最も精度が高く、また最も利用しやすい将来予測は人口の推移である。国立社会保障・人口問題研究所の人口予測は、全国の地域別に詳細な数値が示されているだけでなく、GIS上でも分析可能な情報がさまざまな切り口で公開されている。また国土交通省では、2014年に国土計画「国土のグランドデザイン」検討資料である「1㎞毎の地点（メッシュ）別の将来人口の資産について」で2050年までの人口推計をメッシュごとに行っている。さらに2015年中に「地方人口ビジョン」の策定が求められたため、より人口推計を利用しやすい状況が整ってきた。

　もちろん人口推計が必ずしも確実であるとは限らず、特に人口減少や少子化・高齢化が進む地域では期待も込めた将来予測が行われている可能性も考えられるが、人口の推移が経済状況や産業の動向に大きな影響を与えることは間違いない。人口密度は地図上で検討する際に簡易かつ有用な指標であることから、まずは人口推移を将来予測に活用するべきある。

(3) 財政データから自治体の実情を知る

> 財務状況の分析なくしては計画自体策定できない

　人口減少や少子化・高齢化の進行による地方自治体の財政悪化は、今後さらに大きな課題となることは明白である。そのため多くの自治体では公共施設の整備費をできる限り削減し、将来負担の軽減を図ることが求められることになる。このように整備計画の策定は、自治体の財務状況に大きく影響されるため、財務状況の分析なくしては計画自体が策定できない。なお全国の自治体の財務諸表は総務省が毎年取りまとめ、インターネット上に公開していることから、施設量や人口推移と同様に自治体間の比較が容易である。

　総務省では「地方自治体における財務諸表の活用と公表について」の中で財務分析に関するさまざまな分析手法を示しているが、どの指標が公共施設の整備の方向性を確認するために必要になるかを理解していないと逆に混乱してしまうことが考えられる。そこで自治体の財務情報を基に、主に「施

> **FCI**（Facility Condition Index）：施設の劣化の状況をパーセンテージで視覚化する
>
> **LCC**（Life cycle cost）：生涯費用

設整備に関する財政状況」と「財務情報から見た保有施設の状態」の実態について他自治体と比較分析できる4評価指標を作成した。詳細については次節を参照していただきたい。

(4) 資産面から施設の状態を見る

施設・建物の傷み具合を財務的観点から定量化する指標として、FCI（Facility Condition Index）を取り上げる。FCIはアメリカの施設マネジメント系のコンサルティング会社（AME社：Applied Management Engineering, Inc.）によって1990年頃に開発された。近年日本でも施設のLCCを評価する方法としてFCIは広く認識されるようになった。

FCIの算定は、現在の老朽化度合に必要な建物の保全改修費（これまで施工すべき保全改修費が予算の都合で延期されている分と今後5年程度の間に必要な保全改修費を合算した金額＝残存不具合額）を、現時点で同じ建物を建てると仮定した場合の価格（＝復成価格）で割った率であり、計算式で示すと次のようになる。

$$FCI(\%) = 残存不具合額 \div 復成価格 \times 100$$

なおFCIが大きければ大きいほど積み残された保全改修項目が多いと考えられる状態にあり、これから先やらなくてはならない修繕工事が山積していることを意味する。しかし、いまだに施設マネジメントが浸透していない自治体が多いことを考慮すると、本来は改修・更新すべき状況にあるにも関わらず何も行われていない施設が多い公共施設のFCIは、民間以上に大きくなる傾向にあると考えられる。

4.4 財務諸表の分析手法例

財務諸表の活用方針については、総務省による「地方自治体における行政改革の更なる推進のための指針（地方行政新

指針）」（平成 18 年 8 月 31 日）および「公会計の整備推進」（平成 19 年 10 月 17 日）を契機として、地方自治体において、新地方公会計制度による財務諸表の作成および公開が進んでいる。そこで自治体が所有する施設情報を活用に役立てるため、財務諸表のうち公共施設の整備に影響を与える指標を抽出し、それを 4 指標で表現する評価手法を構築した。この財務諸表の分析は、［PHASE 1］での分析の中でも重要な位置を占める。

> 財務諸表の分析は、［PHASE 1］の重要な位置を占める

なお新地方公会計制度においては、現在、総務省から 2 つの会計基準が提示されており（基準モデルおよび総務省方式改訂モデル）、自治体間の比較が簡単にはできない状況にある。新基準によって自治体間比較が行えるようになるのは、平成 28 年度決算データからになる予定である。

(1) 財務評価指標の概要

ここでは、公共施設の現状把握と今後の整備の可能性について 4 つの指標を用いた評価を行う事例を示す。多くの地方自治体がウェブ上で公表している財務諸表を用いることを前提にしているため、財務評価を行う自治体と比較対象の自治体の財務諸表は基準モデルもしくは総務省方式改訂モデルのどちらかに会計基準モデルを一致させる必要があるが、ここでは現時点で採用自治体が多い総務省方式改訂モデルを用いた財務評価を説明する。

❶ 回収度

回収度は、施設等の耐用年数が残っている限り毎年発生し続ける減価償却費と現実に税収等で入ってくる収入（地方税など）との関係から、経営面から公共施設の運用面を評価する。この値が高いほど受益者負担が大きく運用費が施設利用料等でまかなえ、低いほど受益者負担が小さく今後の政策的な展開の自由度が小さいことを示す。

なお減価償却費は、資産の老朽化による資産価値の減少金

額に当たるため、本来は基金などのかたちで内部留保しておくべき「更新費」の目安と考え対応すべきである。

❷ 健全化度

　健全化度は、これまでに資産形成に投じられた資本的支出（減価償却累計額を含む）と現時点の資産価値の関係から、資産面から公共施設の経年劣化を評価する。この値が高いほど資産価値が高く施設全体の老朽化が進行しておらず、低いほど資産価値が低く施設全体の老朽化に対する具体的な対策が不可欠であることを示す。

　なお健全化度と同様の指標として一般的には減価償却累計額を当初の資産価額と比較して老朽化の程度を見る「老朽化度」が用いられる場合が多いが、本指標では指標の値が高いほど状態がよくなる評価式を採用している。

名称	財務諸表を用いた評価式	内容
回収度	1 －（減価償却費／《〈地方税＋地方交付税＋国県補助金等〉＋経常収益合計》）	経営面から公共施設の運用面を評価 高い：受益者負担が大きく運用費が施設利用料等でまかなえている 低い：受益者負担が小さく今後の政策的な展開の自由度が小さい
健全化度	（有形固定資産合計－土地）／（有形固定資産合計－土地＋減価償却累計額）	資産面から公共施設の経年劣化を評価 高い：資産価値が高く施設全体の老朽化が進行していない 低い：資産価値が低く施設全体の老朽化に対する具体的な対策が不可欠である
更新可能度	経常的収支額／減価償却累計額	財政面から公共施設の整備可能性を評価 高い：将来負担が少なく施設全体を適宜更新できる可能性が高い 低い：将来負担が大きく施設全体の更新にかかる期間が長くなる
準備度	（基金＋現金預金）／減価償却累計額	財政面から公共施設の更新準備の状況を評価 高い：内部保留が進み施設全体を計画的に更新できる可能性が高い 低い：内部保留が遅れ施設全体の更新が計画的に実施されない状況である

表 4-1　財務諸表を用いた評価指標例

❸ 更新可能度

　更新可能度は、施設等の耐用年数が残っている限り毎年発生し続ける減価償却費と、公共サービス全体にかかる経費支出後の収支（経営的収支額）との関係から、財政面から公共施設の整備可能性を評価する。この値が高いほど将来負担が少なく施設全体を適宜更新できる可能性が高く、低いほど将来負担が大きく施設全体の更新にかかる期間が長くなることを示す。

　なお資本的支出は経常的収支の余剰額と公債等で調達した資金によってまかなわれる場合が多いが、公債等の借入金を前提に公共施設の整備を進めるべきではないことから、経常的収支のみを対象としている。

❹ 準備度

　準備度は、手元に内部留保されている支出可能資金と減価償却累計額の関係から、更新可能度と同様に財政面から公共施設の更新準備の状況を評価する。この値が高いほど内部保留が進み施設全体を計画的に更新できる可能性が高く、低いほど内部保留が遅れ施設全体の更新が計画的に実施されない状況であることを示す。

　なお基金には使途が制限されている財政調整基金や減債基金なども含まれるが、新たな資金調達が不可能に陥った場合など緊急的な状況下における対応能力について評価している。

　これらの財務評価を行う際に、必要となる項目とその概要を［**表4-2**］に示す。なお対象になる項目は基本的に財務諸表に明記されているべき項目ではあるものの、一部自治体では表記がない場合がある。

（2）4つの評価指標による検討事例

　N市の財務諸表を用いて、4指標による評価手法の効果を確認する。N市は人口30万人以上の都市で、総務省方式改訂モデルを採用している。なお評価に用いた財務諸表は平成

23年度の普通会計である。

❶ 評価指標による財務諸表分析結果

N市における評価結果を [図4-2] に示す。N市では回収度および健全化度が高く、一方で更新可能度と準備度が非常に低い結果となっている。つまり更新費用等の内部留保の不足が推測され、将来的な費用負担増が見込まれることが予測できる。そのためN市では、施設量の根本的な見直しの必要性が高い状況にあると推定することができる。

このように1自治体だけでもある程度の評価は可能であるが、公共施設では収入のみによる運用を前提にしていないため、どの自治体においても更新可能度や準備度は回収度や健全化度に比べかなり低い値となる。そのため1自治体のみで評価を行うのではなく、他自治体との比較分析を行うことで自治体の特徴が明確になる。

項目	概要
減価償却費	行政コスト計算書（PL）から入手可能である。公共施設のみを対象にするか、固定資産全体を対象にするかで対象となる項目が異なる。なお新地方公会計制度においては全て定額法による。
地方税・地方交付税・国県補助金等	資金収支計算書（CF）から入手可能である。公共サービス提供の対価として現金で収納される金額を対象とする。
経常収益合計	行政コスト計算書（PL）から入手可能である。使用料・手数料・分担金・負担金・寄付金を合計した金額である。
有形固定資産合計	貸借対照表（BS）から入手可能である。事業用資産とインフラ資産の合計とする。
土地	貸借対照表（BS）の貸借対照表の注記情報から入手可能である。有形固定資産合計から控除して建築物の資産額を計算するために用いる。
減価償却累計額	貸借対照表（BS）の貸借対照表の注記情報から入手可能である。当年度までの減価償却費の累計額である。
経常的収支額	資金収支計算書（CF）から入手可能である。施設建設などの資本的支出を含まない金額とする。
基金・現金預金	貸借対照表（BS）から入手可能である。財政調整基金・減債基金・歳計現金の合計とする。

表4-2　財務分析の4指標に必要となる指標

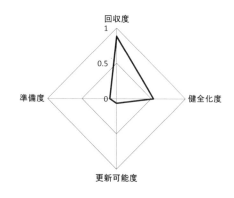

図 4-2
N 市財務諸表（平成 23 年度）による評価分析結果

❷ 他自治体との比較分析の効果

　全国の自治体の財務諸表は総務省が取りまとめ、Web 上で公開しているため、比較分析が容易である。ここでは複数の自治体の財務諸表を用いた比較分析の事例を示す。先ほど事例で示した N 市と条件を揃えるため、以下の項目を満たし、かつ平成 24 年 3 月の住民基本台帳の人口の差が 10％未満である Y 市、O 市、H 市、M 市の 4 市を抽出した。

- 総務省方式改訂モデルを採用していること
- 平成 23 年度版の財務諸表が Web 上で公開されていること
- 評価に必要な情報に不足がないこと

　なお、人口一人当たりの自治体面積や同一都道府県内など、公開情報を活用して標本の抽出基準を変更することも可能である。また自治体間の比較を行う上で、指標値の偏差値化（指標間で平均値と標準偏差が同じになるように数値変換すること）を行うことで、以下の点で比較分析の有効性が高まる。

- 4 評価指標間の比較が容易になる
- 自治体間の平均値（偏差値）が得られるため、標準から

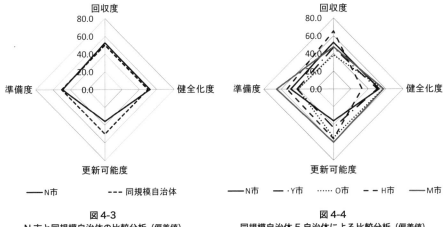

図 4-3
N 市と同規模自治体の比較分析（偏差値）

図 4-4
同規模自治体 5 自治体による比較分析（偏差値）

の差が明確になる
・標本の抽出基準を変更することで、容易に比較の視点を切り替えることが可能である

[図 4-3] に N 市と同規模自治体（N 市を除く 4 自治体の平均）の評価分析結果を示す。N 市の財務諸表の分析で見られた回収度および健全化度の良さは、他自治体と比べると平均をわずかに上回る程度であることが確認できる。一方で準備度は他自治体とあまり差異がないこと、しかし更新可能度については他自治体と比べ大幅に不足していることが確認される。これは将来世代の負担にすることなく資産の更新を行うことが同規模の他自治体に比べて難しい現状であることを示している。

また **[図 4-4]** に同規模 5 自治体（N 市、Y 市、O 市、H 市、M 市）の評価分析結果を示す。すると N 市で大幅に不足していた更新可能度は O 市、H 市、M 市の 3 市が平均値を上げていることが確認できる。一方で回収度は H 市、準備度は M 市が平均値を上げ、健全化度は H 市が平均値を下げていることなどが確認できる。

4.5　施設の状態を簡易的に把握する

（1）劣化の点検や診断の目的

　建築保全の現場、いわゆる営繕を担当する部署では従来から施設の劣化診断や点検が行われてきた。しかし、その多くは現場担当者の技術や能力に依存している場合が多く、現実的には、法定点検や大規模なものでない限り、点検周期や改修・更新の判断の記録・根拠が情報として残っている場合は少ない。

　公共施設マネジメントでは多種多様な施設整備全体の中での優先順位を決めることが求められるため、まずは情報を基にした客観的な判断と計画策定が必要となる。特に自治体の場合、つまり［PHASE 1］の段階では、鳥瞰的な視点から保有する全施設の劣化状況を随時把握することが重要であるが、営繕の現場で求められるほど詳細な情報は必要なく、全体像の把握が可能で方向性の検討に役立つ判断基準があればよい。その後［PHASE 2］以降の段階まで進むと具体的な施設整備の検討を行うため、個々の施設や建物の詳細な状況把握が必要になる。

> 営繕担当者と施設整備計画担当者の感覚が異なる場合がある

　このように施設整備の段階により求められる情報の精度が異なることを理解することが重要である。特に営繕を担当する職員の感覚と施設整備計画を担当する職員の感覚が異なる場合が多いため、情報収集の手間と必要性のバランスに留意する必要がある。

（2）建築部位のチェックポイント

　建物の物理的劣化を確認する要点は、大きく安全性を確保することと劣化進行を抑えることにある。安全性については、構造躯体の劣化はもちろん、外壁のひび割れや手すりのひどい錆などが確認対象に挙げられる。しかし構造躯体の劣化は仕上げに隠れている場合が多く、劣化の状況を目視などで簡易に把握することは比較的困難である。

そこで、まずは外壁のひび割れや手すりのひどい錆など、専門家でなくても目視で判断しやすく、けがや命にかかわる事故につながる可能性が高い個所を重点的に、かつ定期的に点検を行うことが求められる。特に人や物が落ちると重大な事故につながる可能性が高いため、2階以上の建物外周など高い位置にある付設物を注意して確認することが必要である。なお構造躯体については、回数は限定的でよいものの専門家による点検が必要になる。

　一方、安全性を長期的に確保するには、劣化進行を抑えるための点検が不可欠である。劣化が進む最大のポイントは水分であることから、水分が供給されやすい個所を重点的に点検することが必要となる。建物に関わる水分や湿分は、主に雨水、生活用水、結露水、床下滞留湿気（地盤から蒸発する水分）が挙げられる。雨水は屋根・外壁に、生活用水はトイレ・洗面・風呂などの水回りに、結露水は室内の湿気や配管回りによる壁内・床下に、床下滞留湿気は1階や地階の建物下部に影響を与えやすい。ただし実際には目視では診断が難しい場合が多いため、一般的には専門家に依頼する場合が多いと思われるが、専門知識が少なくても床下や天井裏を観察することができれば、かなりのことが明確になるだろう。また日常的な注意や使い方でも大きく耐久性に違いが生じる場合が多い。

　なお専門家による点検については、一定以上の規模の建築物であれば定期的な法定点検（建築基準法によるいわゆる12条点検）が義務づけられている。12条点検では1級建築士などの有資格者による詳細な点検が求められているため、すべての施設で12条点検と同等の点検調査を実施することは費用や人材の面から現実的には難しい。しかし12条点検をはじめ公開されている点検項目や調査資料を参考に、独自の点検項目や判断基準による点検を実施している自治体も多い。費用や人材が不足している自治体でも、定期的な点検作業を実施する工夫をしていただきたい。

> 日常的に意識・把握することができる劣化判断の仕組みをつくる

　なお建物の劣化診断の最大のポイントは、劣化の進行状況は日常的に利用・管理している住民や職員のほうが、初めて訪れる専門家よりも迅速に把握しやすいことである。そのため、最終的に問題があるかどうかの判断は専門家に任せるにしても、どの部分の劣化が進んでいる可能性が高いのかを利用者が日常的に意識・把握する劣化診断の仕組みがあれば効果的である。手間や時間をかけて詳細な点検を行うよりも、簡易かつ明確なチェックリストや判断基準を用いて、誰もが日常的に点検できる環境やシステムを構築することが望ましい。参考までに、建築保全センターでは全国自治体の女性職員で構成されている「自治体等女性FM会」が作成した学校施設の診断マニュアルを公開している。公共施設に限らず施設の継続的な維持管理には、自分たちで施設を管理するのだという意識が何よりも重要であるため、各自治体で自分たちが日常的にできる維持管理手法を確立していただきたい。

（3）建築設備のチェックポイント

> 数値データの収集・分析は手間に比べて効果が高い

　建築設備は、建物の快適性や安全性に大きな影響を与えるにも関わらず、直接目につく部分が少ない。そのため明らかな故障の場合を除き、設備の性能や状態を正確に把握するには専門家による点検が必要となる場合が多い。しかし専門家が少ない自治体では最低限の点検すらできていないのが現状である。

　専門家による点検については、建築部位と同様に一定以上の規模の建築物であれば定期的な法定点検（いわゆる12条点検）が義務づけられている。しかし有資格者による詳細な点検が求められているため、建築部位同様にすべての施設で12条点検と同等の点検・調査を実施することは現実的には難しい。しかし設備の不具合は建築部位以上に利用者・使用者の不満や安全に直結している場合が多い。やはり建築部位と同様に費用や人材が不足していても定期的な点検作業を実施する独自の工夫をしていただきたい。

日常点検のポイント

施設の保全のために、特に日々気をつけてチェックしていただきたいポイントについてまとめました。安全で事故のない施設のため、皆さんでチェックしましょう。

異常を見つけたら下記までご連絡ください
〇〇課〇〇係
☎00-0000

点検日／平成　　年　　月　　日（　）

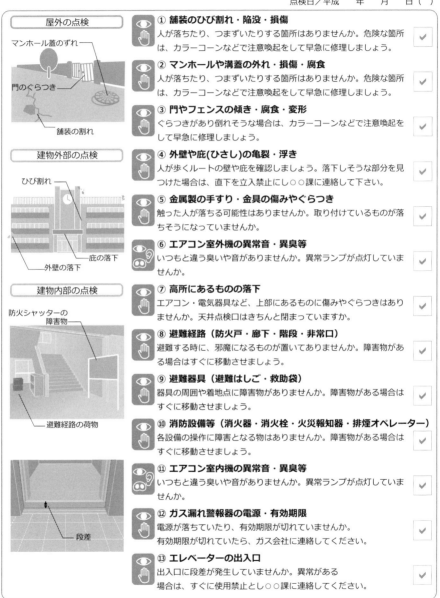

図 4-5　自治体等女性 FM 会が作成した学校施設点検シート（「参考文献 33」より）

なお点検すべき項目の中で建築設備と建築部位の最も異なる部分は、建築設備は基本的に数値で性能を測定する点である。そのため簡単な計測機器があれば、数値で性能の実態を把握することが可能である場合が多い。さらに定常的な測定をしていれば、数値の変異から何らかの問題を把握できる可能性が高い。特にエネルギーデータ（例えば使用量）については使用料金の徴収時に明確になることから、施設全体であれば定期的な確認が可能となる。なお施設内の個々の建物で使用量を把握するためには、子機メーターの設置などの対応が求められる。

この数値データの収集・分析は、手間に比べると効果が高い場合が多いことから、早急に行うことが望ましい。「6章-2」の［CASE1］でも述べるが、千葉県佐倉市では、小学校の水道料金を集計し単純に高い順に並べたところ、数校が他校に比べて比較的高いことが明らかになった。そこで水道料金が高い学校から現場で確認したところ、上位2校で改善すべき内容（漏水、タンクの不具合）が発見された。その効果

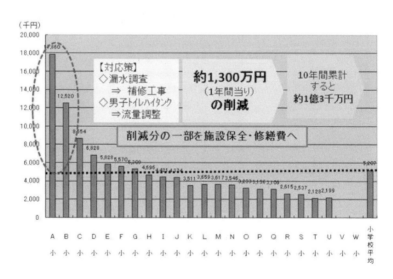

図4-6　小学校の水道料金の比較（佐倉市資料）

> **ESCO（エスコ）事業**：顧客の光熱水費等の経費削減を行い、削減実績から対価を得るビジネス
>
> **コミッショニング**（commissioning）：性能検証。建築物やその設備について第三者的な立場から助言・確認を行い、機能性能試験を実施して、適正な運転・保守が行われていることを検証する

は年間約 1,300 万円と、確認作業の単純さに比べてとても大きい。また省エネルギー改修などの効果も明確になることから、公共施設マネジメントの視点からの設備点検は、エネルギーデータの収集・分析から始めるべきである。

なお建築設備と省エネルギーは分けて考えることはできないが、省エネルギーのための省エネルギー対策になっていないか留意する必要がある。公共施設マネジメントでは、利用者の快適性を確保し作業効率を向上することが主目的であり、その実現のために省エネルギーによるランニングコストの削減といった手段を検討する。しかし現実には、省エネルギーの目標値のために建築設備の交換や設備投資が行われている場合など、本末転倒が起こっている状況がよく見られる。一方でエネルギーの使い方や建築工事（例えば断熱工事）の品質が低ければ、どんなに省エネルギーを目指した建築設備でもその効果は少なくなる。ESCO (Energy Service Company) 事業やコミッショニングなど、設備機器の利用方法や点検・分析の仕組みも合わせて導入することが重要である。

（4）管理者への問い合わせ方法

> 施設管理者へのアンケート・ヒヤリングの分析・評価が有効

近年の施設管理に対する関心や固定資産台帳等の整備により、以前よりも施設情報が一元化され、分析・評価に必要な情報の収集は容易になった。しかし全施設の情報が集約されている自治体は非常に少なく、各担当部局への問い合わせから始めなくてはならないことがいまだに多いため、現実的には施設情報の収集に多くの手間や時間がかかる。また情報自体が整理・収集されていない場合、担当部局に打診しても情報が収集できないことも現実的には多い。

そのため客観的な施設情報に比べて精度はやや低くなるが、施設管理者へのアンケートやヒヤリングを行い、その結果を用いて分析・評価を行うことも有用である。情報がないからといって分析・評価を実施しないよりも、情報の精度が多少低くても実施したほうが具体的な施設整備につながる可能性

が高くなる。特に財政的に厳しい状況の中、多くの費用や手間をかけての情報収集が困難であれば、状況に応じてアンケート、ヒアリングの結果を有効に活用したい。

ただしアンケート・ヒアリングを行う際には、いくつか留意点がある。特に注意が必要な点は、現状以上に回答者の部局の意向が大きく影響してしまうことであり、設問もしくは分析手法に何らかの工夫を行わないと回答が偏ってしまうことが予想される。また回答者を担当部署に依頼するのではなく、実際に施設を管理している職員や業者に依頼するなど、アンケート・ヒアリングの依頼方法を工夫することで対応したい。

4.6 保有施設の評価手法例

_{公共サービスは公共施設でしか提供できないわけではない}

　従来の公共施設の整備では、住民からの要求を満足させるために「供給」を増やすことが多く行われてきた。これは「公共サービス＝公共施設」という概念が一般的であったからと考えられる。しかし公共サービスは必ずしも公共施設でしか提供できないわけではない。むしろ専門職員の増加や柔軟な対応が質の高い公共サービスの提供のために求められることもある。

　そこで本章では、公共施設で提供される公共サービスや人材などが所属する「所管（公共サービスを管理する部署）」と、公共施設の形態や利用者側の要求条件から見た「利用（公共サービスの利用方法）」の2視点から公共施設マネジメントを検討することで、既存の施設名や管理部門にとらわれない施設の統廃合や用途変更などの有効活用の検討を行う。その結果、必要かつ充実した公共サービスを住民に提供できる「品質」を向上させる下地が整う。この施設情報の分析は、［PHASE 2］での分析の中でも重要な位置を占める。

　公共施設は住民の税金で管理・運用されていることから、住民全員の所有物であるという考えに立ち、住民全員に対する公共サービスの質の向上と財政負担の削減を実現する整備手

法の確立を目指す。以下に示す一連の評価手順により、公共施設についてさまざまな角度から総合的かつ簡易的な施設評価を行う。

(1) 保有施設の再分類の方法

❶ 施設の再分類とその必要性

> 「所管」と「利用」を独立した分類にすることがポイント

まず公共施設全体を次の2つの視点から分類する。
- 「所管」：その施設で提供される公共サービスや人材などを管理する部署
- 「利用」：その施設の利用形態・公共サービスから見た施設用途

この「所管」と「利用」は、階層的ではなく独立した分類であることがポイントである。独立した分類にすることで、「所管」という縦割り行政の構造に縛られた分類だけでなく、提供される公共サービスに応じた「利用」の視点からも施設を分類することで、従来の概念に縛られない新しい視点から施設マネジメントを検証することが可能になる。

なお「所管」は、「公用」「教育文化（文科省）」「福利厚生（厚労省）」「建設交通（国交省）」「警察消防（総務省・法務省）」「その他省庁」「公営企業」の7つに分類している。一方「利用」については、「窓口サービス」「活動」「特定」「宿泊施設」「設備衛生」「倉庫通路等」「未利用」の7つに分類している。この2つの分類を縦横（「所管」×「利用」）の表組みにすると49（7×7）分類になるため、階層的な分類を行わなくても詳細な分析が可能である。「所管」と「利用」の分類基準と該当施設を [**表4-3**] に示す。

❷ 「所管」×「利用」の活用方法

公共施設全体を「所管」×「利用」で分類し、その状況をさまざまな角度から把握することで、今後施設マネジメントの対象にすべき施設を客観的に選定する。この手法を用いる

と、これまで他部署との調整が難しかった同種の「利用」施設の比較が前提となるため、対象となる公共施設を管理する部署が異なる公共施設との集約化や相互利用などの検討がより容易になる。また個々の公共施設を「利用」面から見直すことで、民間施設の利用や民間企業への移行を含めた施設量の縮減を検討する効果など、「供給」量を削減しつつ「品質」を確保する具体的な手段が明確になる。

このように「所管」×「利用」による分類を用いた客観的な「見える化」を行うことで、公共サービスと公共施設の関係を再確認し、現状の公共施設の使い方が効果的なのかなど、個々の公共施設を容易に再評価することが可能になる。

なお公共施設の集約化・複合化の検討を行う場合、同じ「所管」に属する施設間で検討を行うことは、予算配分上も融通がきくことが多く、さらに機能面において補完関係にある場合も多いことから、実現の可能性は高いと考える。

また「所管」にかかわらず機能上は同じ施設間で集約化・複合化が実現すれば、より効率的な施設マネジメントになる可能性がある。特に利用者の立場から見ると、公共施設の「所

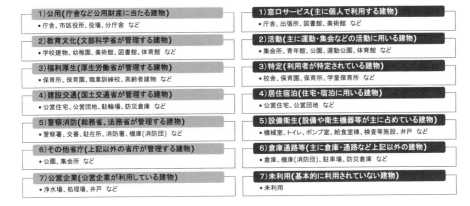

表 4-3 「所管」と「利用」の分類項目

管」の違いは重要ではない場合が多いことから、「利用」の面から施設の集約化・複合化を検討することも有用である。

さらに地理的に近い施設同士の集約化・複合化であれば、これまでの利用者に与える影響は少ないと考えられる。そのため、まず地域（エリア）内の施設間で集約化・複合化の検討を進めることが望ましい。

（2）多角的な視点から見た簡易評価

> 「利用」面から見直すことで、供給量を削減しつつ「品質」を確保する具体的な手段が明確になる

次に適切な公共施設マネジメントに必要な整備方針等の検証を行うためには、対象とする公共施設の状態を評価することが求められる。しかしすべての施設評価を詳細かつ迅速に実施することは現実的に困難であるため、具体的な整備方針が定まっていない場合は、収集・分析が簡易な施設情報を基に何らかの不具合や問題がある可能性が高い施設を抽出し、優先的に対応を検討するとよいだろう。

❶ 多角的に見た簡易評価手法

公共施設には利用者が適切かつ快適に利用できる機能や環

		利用						未利用
		窓口サービス	活動	特定	居住宿泊	設備衛生	倉庫通路等	
所管	公用	庁舎、出張所、市史編纂室					倉庫、印南車庫、清掃事務所管理棟	
	教育文化(文科省)	図書館、美術館、スポーツ資料館、教育センター	学校体育館、公民館、スポーツ施設、市民音楽ホール	小中学校校舎、幼稚園舎、適応指導教室、教育センター		給食室、学校プール	武家屋敷、順天堂記念館、旧菅官分校、文化財収蔵庫	
	福利厚生(厚労省)	健康管理センター、保健センター、レインボープラザ、地域包括支援センター、子育て支援センター	地域福祉センター、老人憩の家、児童センター、ヤングプラザ、青少年センター		保育園、学童保育所、児童センター、老幼の館	山の家	診療所	
	建設交通(国交省)		佐倉城址公園		市営住宅	農業種楽排水処理場	駅自由通路、駐輪場、公園、緑地	
	警察消防(総務省・法務省)	消費生活センター、防災啓発センター	男女共同参画推進センター				防災倉庫、防災井戸、消防機庫	
	その他省庁	ふるさと広場、おはやし館、駅前観光情報センター、草ぶえの丘	コミセン、集会施設、サンセットヒルズ、農産加工実習所、農村婦人の家、草ぶえの丘	職業訓練校	草ぶえの丘(宿泊研修棟、ログハウス(4))	大気測定局、公衆所	花の銀行倉庫、野鳥の森観察舎、草ぶえの丘	
	公営企業					調整池ポンプ場、井戸	下水道中継ポンプ管理棟、排水処理施設管理棟、地下調整池管理室	

表 4-4 「所管」×「利用」の分類例（佐倉市の場合）

境が求められるが、公共サービスの円滑かつ効率的な提供を実現するためには、自治体職員にとっても適切かつ快適に利用できる施設であることが求められる。

「利用者」と「管理者」、2つの視点

そのため本簡易評価では、公共サービスの質の向上を行政の立場と住民の立場の両面から実現するため、大きく「管理者視点」と「利用者視点」という2つの視点から評価を行う。また各視点は3つの評価軸で検証を行い、各評価は基本的に2つの数値情報を用いて行う。これら2視点6評価軸の12

項目	項目	内容	評価
建物劣化度（安全性）	建物性能	概算式の結果が80%以上	A
		概算式の結果が60%以上80%未満	B
		概算式の結果が40%以上60%未満	C
		概算式の結果が40%未満	D
		該当なし	X
	耐震性能	新耐震基準により耐震診断が不要であり、耐震性能あり	A
		新耐震基準以前に建てられたが、改修済み	B
		新耐震以前に建てられ、耐震改修が必要であるが未実施（耐震診断済み）	C
		新耐震以前に建てられ、耐震改修が必要であるか不明（耐震診断未実施）	D
		該当なし	X
各種建物点検（健全性）	法定点検劣化診断	目立った問題はない/12条点検・指摘無し	A
		微細な問題は存在するが、事故に結び付く可能性は少ない/12条点検・要是正（改善予定有）	B
		今後事故につながる可能性があり改善が必要/12条点検・要是正（改善予定無）	C
		事故発生の可能性が高く早急な対応が必要である/12条点検・既存不適格	D
		対象・対応個所なし	X
	消防点検	問題なし	A
		設備の年数経過等	B
		設備の交換・容量不足等	C
		設備の不動作等	D
		未実施、または情報なし	X
運用費用度（経済性）	フロー	用途分類「利用」毎、光熱水費等のm²当たりの平均より－20%未満	A
		用途分類「利用」毎、光熱水費等のm²当たりの平均より±20%	B
		用途分類「利用」毎、光熱水費等のm²当たりの平均より＋20%以上	C
		用途分類「利用」毎、光熱水費等のm²当たりの平均より＋40%以上、もしくは不明	D
		光熱水費・委託料・保守点検費等がかからない	X
	ストック	用途分類「利用」毎、工事費・その他経費（人件費除く）等のm²当たりの平均より－20%未満	A
		用途分類「利用」毎、工事費・その他経費（人件費除く）等のm²当たりの平均より±20%	B
		用途分類「利用」毎、工事費・その他経費（人件費除く）等のm²当たりの平均より＋20%以上	C
		用途分類「利用」毎、工事費・その他経費（人件費除く）等のm²当たりの平均より＋40%以上、もしくは不明	D
		工事請負費・原材料費・備品購入費等がかからない	X

表 4-5-1　評価項目とその指標例（管理者視点）

項目による簡易評価により、迅速かつ総合的な公共施設の評価が可能となる。

なお各項目は程度が良いほうから「A」「B」「C」「D」の4段階と、情報不足や評価対象外を「X」とする全5段階の判定を行う。また各項目の程度（実態）は施設用途の影響が大きいため、「利用」別の平均を基準に評価を行う。**[表4-5-1、4-5-2]** にその評価項目を示す。

項目	項目	内容	評価
立地環境度 （利便性）	人口密度	500mメッシュ内に人口が1000人以上	A
		500mメッシュ内に人口1000人未満	B
		500mメッシュ内に人口が250人未満	C
		500mメッシュ内に人口が100人未満	D
		該当なし	X
	ハザード マップ	（土砂）災害危険箇所より200m圏外／（浸水）想定浸水範囲外	A
		（土砂）災害危険箇所から200m圏内／（浸水）想定浸水0.5m未満	B
		（土砂）災害危険箇所から100m圏内／（浸水）想定浸水0.5m以上2.0m未満	C
		（土砂）災害危険箇所／（浸水）想定浸水2.0m以上	D
		該当なし	X
設備管理度 （快適性）	法定点検 自主点検	目立った問題はない／12条点検・指摘無し	A
		微細な問題は存在するが、事故に結び付く可能性は少ない／12条点検・要是正（改善予定有）	B
		今後事故につながる可能性があり改善が必要／12条点検・要是正（改善予定無）	C
		事故発生の可能性が高く早急な対応が必要である／12条点検・既存不適格	D
		対象・対応箇所なし	X
	バリア フリー	バリアフリー法に対応している（2006年以降に建てられた）	A
		ハートビル法改正に対応している（2003年以降に建てられた）	B
		ハートビル法に対応している（1994年以降に建てられた）	C
		1994年以前に建てられた施設	D
		該当なし	X
施設活用度 （活用性）	利用率	用途分類「利用」毎、年間利用者数1人当たりの㎡数平均より−20％未満	A
		用途分類「利用」毎、年間利用者数1人当たりの㎡数平均より±20％	B
		用途分類「利用」毎、年間利用者数1人当たりの㎡数平均より＋20％以上	C
		用途分類「利用」毎、年間利用者数1人当たりの㎡数平均より＋40％以上	D
		不明、利用者数がいない	X
	稼働率	用途分類「利用」毎、稼働率が平均より−20％未満	A
		用途分類「利用」毎、稼働率が平均より±20％	B
		用途分類「利用」毎、稼働率が平均より＋20％以上	C
		用途分類「利用」毎、稼働率が平均より＋40％以上	D
		稼働率が不明、もしくは該当なし	X

表4-5-2　評価項目とその指標例（利用者視点）

❷「管理者視点」から見た簡易評価

「管理者視点」は、管理者の立場から重要なマネジメントと考えられる「建物劣化度」「建物管理度」「運用費用度」の3評価6項目から構成される。

・「建物劣化度（安全性）」

　躯体の劣化状態から簡易的に安全性を評価するため、主に建物の工事履歴を基に「建物劣化度」の評価を行う。

　「建物劣化度」は、基本的に築後年数と耐震性能の2項目を用いて[式4-1]のように算出を行う。この値が0に近いほど、経年によって劣化が進んでいると推察され、大規模な耐震改修や更新（建て替え）の必要性が高い施設だと簡易的に判断できる。

概算式 ： $\frac{Tn - T + Tx}{Tn}$

　Tn：耐用年数（50年）　　T：経年

　Tx：もっとも最近、大規模改修を行った時点での築年数

＊例えば40年前に建設し、10年前（建設後30年）に大改修を行った建物の場合は、

建物劣化度＝（50 − 40 ＋ 30）÷50 ＝ 0.8

式 4-1　建物劣化度の概算式

・「建物管理度（健全性）」

　躯体を除く施設の管理状態から簡易的に健全性を評価するため、施設に対して行われている点検や報告を基に「建物管理度」の評価を行う。

　「建物管理度」は、基本的に法令などで定められた点検のうち、12条点検（建築基準法第12条に定められた点検）の建築に関する項目と消防点検の結果の2項目を用いて評価する。

・「運用費用度(経済性)」

　施設の運用状態のうち特に経費の面から簡易的に経済性を評価するため、主に建物のランニングコストを基に「運用費用度」の評価を行う。

　「運用費用度」は、基本的にエネルギー費・人件費など経常的に必要となる費用と改修費など年度によって変動が大きい費用の2項目によって評価を行う。

❸「利用者視点」から見た簡易評価

　「利用者視点」は、利用者が施設を利用する際の条件や利用状況を評価する「設備管理度」「立地環境度」「施設活用度」の3評価6項目から構成される。

・「設備管理度(快適性)」

　施設の設備を中心とした管理状態から簡易的に快適性を評価するため、施設の設備に対して行われている点検や報告を基に「設備管理度」の評価を行う。

　「設備管理度」は、基本的に法令などで定められた点検のうち、12条点検の設備に関する項目とバリアフリー法の2項目を用いて評価する。

・「立地環境度(有用性)」

　施設の立地や環境の状況から簡易的に有用性を評価するため、主に人口密度と災害に対する危険性から「立地環境度」の評価を行う。

　「立地環境度」は、500mメッシュ(500m×500mのマス目)の人口密度と、ハザードマップの浸水・土砂災害地域の2項目によって評価を行う。

・「施設活用度(利便性)」

　施設の使い方や活動状況から簡易的に利便性を評価するため、主に利用人数や施設の稼働率などから「施設活用度」の評価を行う。

　「施設活用度」は、基本的に利用人数あたりの施設量(延床

面積）と主に利用される部屋の稼働率などの2項目によって評価を行う。

❹ 簡易評価を用いた整備方針

　以上の手順により算定された12項目・5段階の判別結果をもとに、公共施設マネジメントの方向性を示す4つの整備方針を示す。

　12項目の評価項目のうち、「A」や「B」は大きな課題を抱えていないと考えられるため、必要に応じて適宜対応できれば全体の方向性に対する影響は少ないと考えられる。一方で「C」や「D」は比較的大きな課題を抱えている施設の可能性があるため、再整備の必要性や緊急性が高いと考えられる。そこで「管理者視点」「利用者視点」別に「C」の数を数え、ポートフォリオ（重要な2つの指標の組み合わせから戦略のための分析をする手法）に落とし込み、今後の公共施設マネジメントの方向性を「維持継続」「利用検討」「更新検討」「用途廃止」の4つに分類する。[図4-7]に施設評価のポートフォリオを示す。

　なお、「D」は「C」に比べてより大きな問題を抱えているため「C」の2つ分として数えている。また「D」が1つ以上ある施設については、今後のマネジメント方針を優先的に検討すべきであると判断し、ポートフォリオの結果に関わらず「要早急対応」と判定する。

　なおこの整備方針は、評価を実施した時点の公共施設の状況を機械的に判断した結果であり、別途考慮する事象が存在した場合や調査後に改修などが行われた場合は、方針自体が変わることになる。そのため整備方針の結果は、今後の具体的な個別計画を策定する際に方向性を確認するために活用することが前提となる。

4.7 施設評価を活用した整備案の作成

ここでは［PHASE 3］以降に該当する基本構想段階の整備計画事例と住民とのワークショップ実施例を基に、いわゆる公共施設最適化計画や、個別計画と呼ばれる具体的な整備計画案の策定に欠かせない説明資料の作成や住民らとの共同作業のポイントを示す。

(1) 基本構想を担う整備計画事例

筆者が［PHASE 1～5］までの手法・手順を構築する際に、モデルとした整備計画案が**［図4-8］**に示す千葉県佐倉市における志津公民館の調査報告であり、全文が佐倉市のサイト上に掲載されている。また実際の整備実施に進む段階において一部の変更はあったものの、全体的な考え方はそのままで、計画案は2015年12月に竣工した。

なおこの整備計画案は、基本的に［PHASE 1～5］を踏まえて作成しているが、その中でも特筆すべき内容は以下の点である。

①対象施設周辺の状況（簡易評価の結果）を可視化
②対象施設＋周辺施設の簡易評価
③現在＋今後求められる機能の抽出
④地域全体の整備提案＋地元要望の複数案比較
⑤イニシャル・ランニング・ライフサイクルに関する概算コストの比較検討
⑥整備前後の比較による効果検証

この事例のように、［PHASE 1］から順に作業を行ってきた結果を基本構想としてまとめると、庁内や住民への説明の際に、単なる思い付きによる整備案でないことが理解されやすい。そのため資料としても説得力が高いものとなる。この資料を基に基本計画・実施計画に進めることで、公共施設マネジメントの視点を踏まえた公共施設の整備が実現する可能性が高くなる。

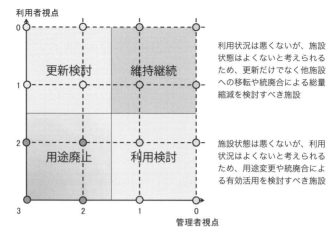

図 4-7　施設の整備方向性を示すポートフォリオ

図 4-8　志津公民館（佐倉市）における基本整備計画案

(2) 住民らとのワークショップ実施例

> ワークショップは世代・立場を超えて公共施設のあり方を議論する数少ない機会

　整備計画案が策定できれば、次は地域住民の説明や調整が必要となる。その手法は広報誌などの広報活動に始まり、パブリックコメント・説明会・ワークショップなどさまざまであるが、ここでは住民ワークショップを事例に示す。なおワークショップの手法自体の詳細については、多くの専門家や書籍に譲るが、主に誤解が多い点を述べて筆者が関わった事例の特徴を示す。

　まず確認したい点が、ワークショップは合意形成の場なのかということである。ワークショップを行えば住民との合意形成を確立できると考えている自治体では、かたちだけのワークショップが実施される場合が多い。しかし仮にワークショップ内で意見が一致したとしても、それは参加したごく一部の住民のことでしかなく、しかも自治体から提案した計画を変更する予定はないため、住民が賛同するように誘導している場合が多い。他方で自治体に具体的な整備案や調整能力がなく、住民から整備案を提案してもらうことで責任逃れをするため、さらには単に要望を収集するためだけに実施するような事例も少なくない。これでは公共施設の管理者である自治体の存在自体が疑問視されてもやむを得ない。

　ではワークショップを開催する意義は何であろうか。公共施設の管理者である自治体が、対象地域で最適と思われる整備案を住民と共に検討することで、整備案の完成度を高める機会であり、公共施設のあり方について世代や立場を超えて認識を深める機会である。だからこそ基本構想案ができた時点でワークショップを行い、住民と自治体職員が協働作業を行い、さまざまな世代や立場からの意見を踏まえて、もし必要であれば計画を変更することも念頭に置きながら実施することが求められるのである。

　[図4-9] は長野市および会津若松で筆者が参画して実施したワークショップの様子である。詳細は各自治体のウェブサイトに公開されているが、これらのワークショップでは次の

図 4-9　公共施設整備に関するワークショップ（上：会津若松市　下：長野市芋井地区）

点が特徴的であったと考えている。
　①若い世代をメンバーに組み込む（会津若松では小学生が参加）
　②自治体職員は運営だけでなく、ワークショップのメンバーとして参加する
　③世代・立場を混合するのではなく、世代別にまとめたグループを編成する
　④作業の途中で他グループの情報収集を行い、自グループ案に取り込む
　⑤具体的な施設を取り上げ、経費の面も含めた運用面から検討する

またワークショップは意思決定の場でもない。ワークショップの作業を通して具体的な公共施設のあり方について世代・立場を超えて議論を交わすことができる数少ない機会であり、住民は公共施設を通して持続可能で豊かな生活のあり方を、自治体は住民の意見をふまえた整備案であるかを再検証する場であることを認識する必要がある。

> ワークショップは合意形成決定の場でも意思決定の場でもない

4.8　BCPから見た施設評価

> FMにはBCPの概念が不可欠

　2011年3月に発生した東日本大震災ではさまざまな課題が明確になったが、施設マネジメントの視点からはBCP（Bussiness Continuity Plan: 事業継続計画）の重要性が再確認された。

　まず当然であるが、BCPは災害時に検討するものではなく、平常時に災害発生時の状況について十分な検証を行い、被害をうまくコントロールし最小限に抑えることが求められる。つまりBCPは避難訓練や生活必需品の備蓄だけではなく、災害時の資金や人材などを確保し、平常時同様の活動をいかに継続するか経営的視点から検討を行う計画である。一方、施設マネジメントとは経営的視点から施設運用を適切に行う一連の活動を指す。施設運用は基本的に長期間に渡る

> BCP（Bussiness Continuity Plan）：災害等リスクが生じたときに被害を最小限に抑え、事業の継続や復旧を図るための計画

ことから、その間に災害が発生する可能性も十分考えられるため、基本的に施設マネジメントにはBCPの概念が不可欠である。災害が発生した際、施設の不具合のために施設運営に支障をきたさないように復旧の計画や体制を整えることが施設マネジメントには求められている。

(1) 平常時と災害時の違い

　ひと口に施設マネジメントと呼んでいるが、施設マネジメントに関連する業務は警備・清掃・維持補修から施設整備計画の実施まで多種多様である。そして業務の内容に関わらず情報管理は円滑な作業の実施のために不可欠である。つまり施設マネジメントの基本は情報管理であり、情報分析により施設の不具合や快適性を向上させる手法を見つけ、適切な対応を迅速に行うことで施設利用者の作業効率を高める継続的な業務が可能となる。

　この一連の業務の重要性は、実は平常時でも災害時でも変わらない。災害の有無に関わらず、施設で不具合が発生した場合はその不具合の拡大を防ぐ素早い対応が、また不具合が発生する可能性が高い個所はその原因を素早く排除することが求められる。もちろん不具合を適切に処理できれば災害時においても被害を最小限に抑えることが可能であるし、不具合をそのまま放置しておけば災害時でなくても被害が発生する可能性は高い。そして災害時に問題になるのは、実は施設の不具合を改善する作業以上に、支援作業を行う人員や予算・資材等の確保であり、その準備の重要性を認識するためにもBCPの概念が不可欠である。

(2) 災害時に求められる施設マネジメントのかたち

　以上の考察から施設マネジメントから見た災害対応のポイントは、「日常的な施設マネジメント業務を災害時にも行える状態にしておく」ことだろう。おそらく最も効果的な対策は、災害時の人員や予算・資材不足にも対応できるよう「で

きるだけ容易に施設の状態を把握できる指標をつくる」ことにある。さらにいえば、施設情報等の公開が望ましい。災害時の状態を平常時と比較することがどこからでも可能な仕組みがあれば、例えば広域災害の際に災害本部が被害状況の把握が難しい場合でも客観的に施設被害を評価し迅速かつ適切に対応することが可能になる。

　また現場作業については、施設情報の収集は「最大限かつ単発的」ではなく「最低限かつ継続的」に、実地調査は「詳細かつ網羅的」ではなく「簡潔かつ部分的」に、補修・改修は「施設全体を徹底的」ではなく「不具合個所を限定的」に行う仕組みづくりに加え、専門家でなくても必要最低限のFM業務が把握できる基盤づくり、そしてその実践効果の検証が求められている。

4.9　土木インフラの評価手法例

（1）建物と土木インフラ

> 建物と土木インフラは切っても切れない関係

　公共施設の中でも、建物と土木インフラストラクチャー（以後「土木インフラ」）では担当部局が完全に分かれている場合が多く、管理計画などの作成・実施についても従来は別個に行われてきた。しかし公共施設等総合管理計画では、建物と土木インフラの今後の管理計画が対象になるなど、部局を超えた総合的な管理計画が要求されている。建物も土木インフラも同じ公共施設であること、さらに建物と土木インフラは切っても切れない関係であり、物理的に見ても連続していることから、この要求は当然である。そのため現場からすればまったく異なる対象であっても、公共施設マネジメントの視点から建物と土木インフラを同等に実態把握し評価する手法が今後求められるだろう。

　なお土木インフラは建物以上に自然を相手にすることになるため、どうしても人間に対する配慮が少なくなってしまう場合が多い。しかし公共施設マネジメントの視点からすると、

土木インフラについても以下の点を配慮する必要がある。
　①人間(住民)のために整備しているか
　②縮減の方向性はないか
　③整備計画の方向性は整合しているか

(2) 土木インフラの評価手法例

> 土木インフラ整備状況の判断に「人口密度」を活用する

　現状で土木インフラの評価は、建物以上に難しい。その理由はいくつか考えられるが、ひと言で土木インフラといっても道路・橋梁・上水・下水・公園・港湾・河川など多種多様の分野が存在し、統一的な評価手法が確立していないことが挙げられる。なお詳細な診断・評価手法が確立している分野も見られるが、公共施設以上に詳細な分析・評価のために必要な情報収集が難しく、膨大な調査費用が必要となる場合が多い。そのため特に財政状況が厳しい地方自治体では調査を定期的に実施することは難しいのが現実である。

　そこで、簡易的に土木インフラの整備状況を判断し、今後の整備の方向性を確認する評価手法を提案したい。そのポイントは、対象地域の立地環境を最も簡易に把握できる「人口

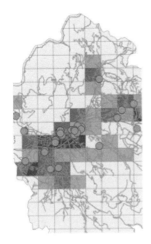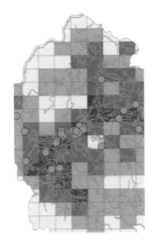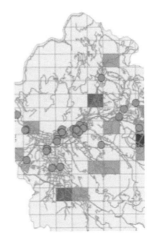

図4-10　インフラの評価手法例（左：人口密度、中：道路延長、右：道路延長／人口密度）
　＊色が濃いほうが数値大

密度」の活用である。

　公共施設の2視点6分類12項目の施設評価のうちの1つ「立地環境性」でも用いた「人口密度」は、かなり詳細な情報が整備されている。また人口推移などから将来予測も可能であり、敷設範囲が広く、かつ規模も大きい土木インフラを評価する場合には最も基礎的な指標となる。特にGISが活用できる場合には、「人口密度」を基礎にして国土地理院やe-statなどで公開されている各種情報とうまく組み合わせることで、かなり詳細な分析が可能となる。

　[図4-10]は実際に某自治体で、道路の設置状況（延長距離）の評価に「人口密度」を活用した例である。左から500mメッシュ（500m×500m）当たりの人口密度、道路延長、道路延長／人口密度を示している。国土地理院から入手可能である道路延長については、人口密度にほぼ比例して道路が整備されていることが明確で、土木インフラについても人が多い地域に多く整備されていることが一目瞭然である。しかしこれだけでは、どこの土木インフラが過剰で削減すべきなのかの判断は難しい。

　そこで道路延長／人口密度を見ると、一部の地域で大きくなっていることが明らかになる。濃い色で示されている地域は、少なくとも他の地域よりも一人当たりの道路延長が長いことから、縮小の余地があると考えてもよいだろう。もちろん道路は連続性が求められるため、単純に人がいないからといって廃止するわけにはいかない。しかし廃止は無理であっても、道路幅の縮小や舗装レベルの低減など管理費用の削減を実現する手法を検討する必要があるかもしれない。多額の調査費が捻出できないために整備計画の策定自体が進まないのであれば、この程度の荒い分析からでも始めるべきではないだろうか。

（3）公共施設と土木インフラの統一評価

　今後固定資産台帳等をはじめとした公共施設や土木インフ

ラの情報管理をより適切に行うためには、公共施設と土木インフラの統一評価が不可欠だと考えられる。例えば土木インフラでも建物同様に統一した施設評価を行い、全体を見ながら整備すべきではないだろうか。

　[表 4-6] は道路管理に関する情報を、公共施設の2視点6分類12項目に当てはめてみた試案である。例えばエネルギー費は電灯などの電気代に、耐震性能は緊急輸送道路の認定の有無に置き換えることができれば、道路1本（1工事区間）を建物1棟と同様に評価することが可能になる。またこの評価項目は自治体によってはすぐに情報収集が可能な項目に置き換えることで、より容易に状況把握・評価が可能となる。

　土木インフラの分野間を一元化するだけでも相当な作業を伴うが、それに公共施設を加えることはさらに困難である。しかしこの統一が実現されれば、以下の点からその効果は非常に大きいと考えられる。

　①各分野で管理システムを準備する必要がなくなる
　②重みづけ等の調整が必要ではあるが、公共施設と土木インフラで比較・評価が可能となる
　③評価項目の整理、評価結果の公開などが容易になり、しかも柔軟な対応が可能である

[管理者視点]	[利用者視点]
ランニングコスト	立地の状況
・エネルギー費	・利便性（人口密度）
・運用費（エネルギー費除く）	・ハザードマップ
建物劣化状況	利用状況
・建設・改修経過年	・利用者数→交通センサス
・耐震性能→緊急輸送道路	・空室率（利用頻度）→混雑度
建物管理状況	設備管理状況
・12条点検（建物）、工事件数	・12条点検（設備・昇降機）
・消防点検→MC	・バリアフリー法→事故率、道路分岐

表 4-6　評価項目の適用例（道路の場合）

4.10 「リバースデザイン」という考え方

従来の発想とは逆転した整備手法で自治体を再生する

　さらに公共施設（公共施設＋土木インフラ）の再生を進める画期的な手法として、従来の発想とは逆の手順で再整備を進める公共施設の再生スキームを提案する。

　区画整理や再開発を含め、公共施設は行政が地権者から土地を取得しながら整備してきたものが多いと考えられる。しかし今後の地方自治体では、例えば人口が少ない地域の下水管を浄化槽に戻す手法や、交通量の少ない一等地の道路を施設用地として再整備するなど、既存の公共施設を以前の姿に戻す手法を検討し、保有する公共施設の総量縮減と公共サービスの質の確保の両立を目指すべきではないだろうか。そこで従来の公共施設の整備手法とは逆転（Reverse）した整備手法から、新しい自治体の姿を再生（Rebirth）する一連の行程計画を「リバースデザイン」と名付ける。

公共施設と土木インフラをバランスよく縮減することで、コンパクトな生活空間で質の高い公共サービスを実現

　なおリバースデザインは単なる原状復帰が目的ではない。リバースデザインを通じて地方自治体は、人口減少や少子・高齢化に合わせて、公共施設と土木インフラをバランスよく縮減させることで、財政の健全化を図りつつ、多世代の共創

駅周辺地域の施設配置
前橋市はJR前橋駅から半径1km圏内に市役所をはじめ、図書館、文化会館、前橋プラザ元気21（複合施設）、3小学校、1公民館、2自治会館などがある。

車社会と過疎化
前橋市は典型的な車社会である。そのため前橋駅周辺は商業施設が少なく、市役所や商店街までの移動手段が限られていることもあり、素通りされる場合が多い。

資源削減＋街並み活性化へ
交通量も少ない駅前大通りに更新（建て替え）が不可避な公共施設を配置することで、車から歩行や自転車への転換によるエネルギー資源の削減、さらに街並み全体の活性化が可能では？

図4-11 道路から公共施設へのコンバージョン試案（前橋市への提案資料）

により住民がコンパクトな生活空間で質の高い公共サービスを享受できる自治体へと生まれ変わらせることができる。また行政と住民との共創作業を通して、自身が住む自治体の実態や将来あるべき姿を世代や立場を超えて認識し、自治体生活を維持していく自主的な行動を促す作業行程そのものが重要である。

健全な財政と、住民による継続的かつ自主的な行動なくして地方創生は実現しない。地方自治体における再生スキームは、まさしく多世代共創の一モデルであり、国が目指す地方創生の基盤を具現化する動きにつながる。

> 健全な財政と、住民の継続的かつ自主的な行動なくして地方創成は実現しない

ここで、リバースデザインの具体的な姿について簡単に説明する。[図4-11]は筆者が群馬県前橋市に示した公共施設整備の提案である。前橋市に限らずスプロール化が進んだ地方自治体は、駅前には閑散とした風景が続く場合が多い。実際に前橋駅前には群馬県庁まで連なるケヤキ並木の立派な目抜き通りが存在し、インフラ環境としても充実している。しかし車社会のために前橋駅を利用する人やケヤキ並木を通る人は人口規模から見ると比較的少なく、車の交通量も少ない状況にある。そのためケヤキ並木に面した店は活気がなく、人影がまばらな状態が続いている。そこでケヤキ並木を道路から公共施設の敷地に用途変更し、老朽化のため更新（建て替え）が求められている図書館や保育所を設置することで、建設用地の確保と駅前の活性化、そしてケヤキ並木の先にある群馬県庁・前橋市役所・中央商店街に歩行者を誘導する「ケヤキと本の並木」を提案した。また定期借地権の活用や施設の仮設化、県と市の図書館の共同運用による運営費の削減など、さまざまな視点からの検討も併せて行っている。

このように公共施設もしくは土木インフラの垣根を超えて再整備が検討できれば、その相乗効果はより高いものになるだろう。

コラム　2

林業とリバースデザイン

リバースデザインは、公共施設（建築）と土木インフラの融合による公共施設の有効活用を目指しているが、さらに次の展開先として考えられるのは、地域資源の1つである「林業」である。「全国的に人口減少・景気縮小に向かっているものの、限られた地域資源の中で、今後増加するものはないか」と現時点で検討した結果、「林業」が浮かび上がってきた。

日本は国土の2/3を占める森林を保有しながら、その活用は外国から輸入した外材に押され、林業関係者の思うようにいかない状況にある。しかし、量・質ともに地方資源としての潜在的な可能性は高く、何か打開策があれば公共施設同様に全国的な活動に展開できると考えられる。

さらに樹木の主用途は建築部材、つまり建築材料としての活用が鍵を握ること、また森林は治水や自然環境の面から見れば土木インフラでもある。そのため建築や土木インフラとの親和性は高いので、リバースデザインによる再生スキームがほぼそのまま使えるのではないかと考えられる。

なお単に植林による森林を増やすだけでなく、居住地域の環境整備を前提に植林を行えば周辺地域の付加価値が向上し、地域全体の活性化につながることも十分考えられる。

戦後の林業は建築・土木インフラ同様、これまで活性化を促す具体的な手法がなかなか見つからず、根本的な解決につながらなかった。しかし近年は『里山資本主義　日本経済は「安心の原理」で動く』（藻谷浩介・NHK広島取材班著、角川書店、2013年）でも紹介されたバイオマスの技術と消費をうまく組み合わせた岡山県真庭市など、循環活動がうまく実現している地域もある。

その一方で、持続可能な林業の地産池消は残念ながら基本的に難しいと考えられる。なぜなら建物は一度建設すると数十年使い続けるため、林業が盛んな地方自治体では一度供給してしまうと、次は数十年後にしか必要ではなくなってしまうからである。

また逆に大消費地を相手にすると、森林自体が不足することが考えられる。さらに全国的に人口自体が減少傾向にあることから、木材生産量も合わせて削減する必要が生じてしまう。つまり運よく需要と供給のバランスが取れている地方自治体であれば地産地消は可能かもしれないが、全国の自治体で展開するには条件が厳しすぎる。そのため林業の地産地消は立地や環境に合わせて慎重に検討する必要がある。このような面からも、林業とリバースデザインは親和性が高いと考えている。

なお現在の林業の形態では、急斜面から切り出す手間と費用、さらに国内の運送費が高いことが外材と価格面で勝負できない理由の1つである。そこで利便性が高い街中の平地の有効活用が難しいのであれば、そこに樹木

を育てることで少なくとも流通の問題は解決する。そうなれば市場は日本国内だけではなく、日本の木材を海外に展開することも可能になる。もちろん、簡単に実現するとは思えないが、障壁となる課題を一つひとつ潰していけば不可能ではない。また農業や漁業など他の1次産業との連携も当然検討できるとは思うが、数十年後の日本の資産を既存の公共施設やインフラを活用して育てるという視点から見れば、リバースデザインが次に向かう分野として林業が最も面白いと考えている。

　今後人口減少が加速する状況を止められない限り、すべての地方都市の生産量・消費量を同規模で持続させることは現実的に困難である。林業を主要産業としている地域、もしくは林業以外の産業活性化が難しい地域については、リバースデザインを検討してもよいのではないだろうか。

　ただし利用者の減少に合わせて土木インフラから建築、そして林業へと展開するリバースデザインを実現させるためには、公共施設と土木インフラだけでなく、林業についても評価・検討の統合、一連の作業を支援する情報システムの運用、そして何よりも建築・土木インフラ・林業を垣根なく取り扱う意識が不可欠である。

（堤　洋樹）

5

公共施設マネジメントの実行体制

5　公共施設マネジメントの実行体制

5.1　地方自治の仕組み

公共施設マネジメントは住民・議会・行政の適切な三者関係のもとに運営・実行される

　公共施設マネジメントを実質的かつ効果的に推進・実施していくためには、まずは地方自治体が置かれている法律的背景や地方自治法の仕組みを理解しておかなくてはならない。この視点は、案外、地方自治体職員自身が見落としている知識かもしれない。

　公共施設マネジメントは、行政のトップである首長だけの意思決定に基づく判断で実行されるものではない。地方議会による予算の審議・承認や、そもそも主権者である住民の理解や合意が得られなければ、事業は決して実施することができない仕組みになっていることを理解することが必要である。すなわち、公共施設マネジメントは、この住民・議会・行政の適切な三者関係のもとに運営・実行されるべきなのである。

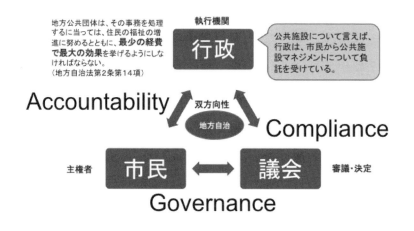

図 5-1　地方自治の仕組み

ここで特に、「適切な」という表現を付け加えたのには理由がある。私たち住民は、行政のトップである首長を直接選挙で選んでいる。それと同時に、議会の構成員である議員も直接選挙で選んでいる。地方自治法では、このように住民が選んだ首長と議会との相互関係、すなわち二元代表制により、より良い行政サービスが実施されることが期待されている。

　さらに住民は直接、その首長あるいは議員が適切ではないと判断した場合、地方自治法に定められた一定の規定に基づいて、解職や解散を求めることができる。これは、先の二元代表制だけに頼るのではなく、直接民主主義の発想も組み込んだものといえる。こうした仕組みは、国の仕組みとは大きく違う点（例えば、国民は内閣総理大臣を直接選挙で選ぶことができない）であり、地方自治体において公共施設マネジメントを実施していく際に、改めて認識しておくことが重要である。

　これは地方自治体においては、国が定めた基準等に準拠してさまざまな行政サービスを実施するだけではなく、地域独自の方策について実施可能なことも多くなると同時に責任もあるということを示している。権利と責任の下、住民自らが判断していく時代が、地方自治の時代ということである。

　地方自治法第 2 条第 14 項には「地方公共団体（地方自治体）は、その事務を処理するに当っては、住民の福祉の増進に努めるとともに、最少の経費で最大の効果を挙げるようにしなければならない」と明記されている。公共施設マネジメントは地方自治体に求められる責務であり、住民はその責務を負託しているといえる。

5.2　公共施設マネジメントとガバナンス

　地方の時代といわれて久しく、また現代は地方創生の議論が各地域で盛んに行われている。公共施設マネジメントについていえば、地方自治体が保有する住民共有の資産をどう維

持していくか、あるいはどう将来を見すえて利活用していくかといった判断は、住民自身の意思と権利、そして責任において行うことになる。その全体のマネジメントは、先の住民、議会、行政の適切な三者関係において実施されるべきであり、そこに適切なガバナンスが発生するといえるのである。

（1）首長と地方自治体職員の役割

ドラッカーはマネジャーとは「組織の成果に責任を持つ者」といっている。すなわちマネジャーとは、ひとつの事業に関してその大きな方向性を示し、あるいはこれまでの方向性を大きく転換する権限を有すると同時に、その組織全体としての成果について責任を負う者と考えられる。これを地方自治体にあてはめると、組織としての成果に責任を持つ者とは選挙という法律的行為に基づき住民から選出された首長である。首長ただ一人がその責任を取れる立場にあるのである。

とはいえ、選挙で選ばれた首長も、成果達成のための各事業に関して行政上の事務手続きや法律的根拠をすべて理解し、執行することは不可能である。それを可能とする者は、行政手続きや各種機関と調整能力に長けた地方自治体の職員しかいない。すなわち首長がマネジャーであれば、地方自治体職員は個々の具体的事業を執行するプロデューサーといえる。ここであえてコーディネーターと表現しなかったのは、人口減少、少子・高齢化社会というこれまでとはまったく逆のベクトルに向かう日本において、地方自治体職員に求められるスキルは、さまざまな条件を調整（コーディネート）することではなく、創造力、実行力、突破力を持って事業をプロデュースする能動的な存在であることだからである。

地方自治体の首長として、まちづくりや資産経営の視点から積極的に公共施設マネジメントに取り組んでいるトップリーダーの一人が静岡県浜松市の鈴木康友市長である。広大な行政面積を有する当市は中山間地も抱え、インフラ等の多さもあり、課題は多いと考えられるが、市域全体の最適化を念

創造力・実行力・突破力を持って事業をプロデュースする能力が求められている

浜松市公共施設等総合換地計画
https://www.city.hamamatsu.shizuoka.jp/asset/asset/documents/gaiyou.pdf

頭にした計画づくりやマネジメントの実行力については、他の自治体を圧倒している感がある。

これは、首長としてのマネジメント力の高さに加え、職員たちの優れたプロデュース力が組み合わさってこそ成せる業といえるのではないだろうか。

なお、浜松市総合管理計画によれば、平成26（2014）年度末までにすでに431施設を削減している。内訳としては、閉鎖が225施設、管理主体変更が150施設、譲渡が23施設（売却を含む）、貸付が33施設となっている。

(2) シンクタンクとタスクフォースの機能

次に地方自治体において、公共施設マネジメントを効果的に推進・実行する体制とはどのようなものかについて考える。

まず公共施設マネジメントを担当する部署は、首長の個々の事業方針を現実的なスキームに落とし込むためのメニューを提案できる、シンクタンク的存在でなくてはならない。またこれまでのような前例踏襲型の調整姿勢ではなく、積極的に解決策を複数提案するプロデューサーの姿勢が大切である。できない理由を書き綴った報告書ではなく、実行するための課題整理と企画提案書を作成するのがシンクタンクとしての役割である。

また一方で、公共施設マネジメントを実際に遂行していくためには、新たなプロジェクト（課題）に対して一時的にでも集中的に現状の組織を補強する体制、すなわち職員の配置が必要になる場合が多い。公共施設マネジメント部署は、職員間におけるタスクフォースであることを求められる。最終的には、公共施設マネジメントを実行するには、人事配置上のマネジメントすなわち今後の地方自治体職員としての仕事の仕方がカギとなる。

実際の事例でいえば、千葉県佐倉市においても、あるいは先進自治体として名高い神奈川県秦野市においても、公共施設マネジメントに携わる職員が一時的にでも教育委員会事務

※ タスクフォースとして働く職員のモチベーションは高く、最終的に得られる達成感は何ものにも代えがたいほど大きい

シンクタンク（think tank）：政策研究機関

タスクフォース（task force）：特定の目標に取り組むために一時的に編成される特別チーム

局職員を兼務する人事措置を行ってマネジメントを推進している事例が見られる。これは、現実の自治体の中にあっては、口だけ出すという体制では人は決して動かず、タスクフォースとして事業に参加しなければ事業自体が動かないという現実社会を物語っているのではないだろうか。

　ただし、これは悲しい現実の物語を語ったわけではなく、実際にタスクフォースとして働く職員の内心はモチベーションが非常に高く、そこから最終的に得られる達成感は、公務員生活の中でも何ものにも代えがたいほど大きいものとなっていくのである。

(3) 庁内プロジェクト会議の疲弊

　これまで地方自治体内部においては、ことあるごとに「○○プロジェクト会議（チーム）」なるものが編成されてきた。業務時間内外を問わず召集され、膨大な資料が配られ、それを読み込み、当日は何かしらの意見を求められる。あるいは、わが部署の仕事ではないことをこんこんと皆が述べ合い、最終報告書にはアウトプットは求めないことを皆が事前に承知している……そんなプロジェクト会議に多くの地方自治体職員はアレルギーを抱いている（疲れている）のが本音ではないだろうか。

　上述したタスクフォースは、この名ばかりのプロジェクト会議を抜本的に改め、「決めたことは実行する」あるいは「実行できる計画をつくる」という単純な行動原理を取る。

　特にこうしたタスクフォースには可能な限り多くの若手職員や女性職員を登用し、成功か失敗かに関係なく実体験を味わっていくことが重要と考える。成功の反対は「失敗」ではなく、「現実を誤魔化し、見ないふりをして何もしないこと」であることに自ら気付いてもらうのである。

(4) 思考ベクトルを逆転する必要性

　これまで地方自治体の職員研修においては、PDCAサイク

> タスクフォースには可能な限り若手や女性職員を登用し、実体験を味わうことが重要

まず将来の「グランドデザイン」を描き、議会・住民と共有する

ルの重要性が金科玉条のように語られてきた。P（計画）がなければすべてが始まらないかのような認識が地方自治体全体を覆っている。地方自治法がいう「最少の経費で最大の効果を挙げる」ためには、予算案作成についても実施計画案作成についても、まずはPの策定という思考回路が働く。地方自治体職員の体質を揶揄する言葉としてよく「前例踏襲主義」が使われる。そうした体質をかたちづくっているのは、地方自治体職員が地方自治法をはじめ多くの法律的制約の中で業務を遂行せねばならないこと、さらにその事業執行が適正であるためには厳格な計画に基づいているという客観的証拠を求められること、例えば議会の承認等が必要となる仕組みから生じている。

しかし、地方自治体職員の実務としての仕事の仕方はこれでよいのであろうか。

例えば公共施設マネジメント推進という行政事業を執行するにあたっては、通常であれば、①施設白書の作成、②公共施設再配置計画の策定、③個別計画の策定、④総合的なまちづくりへの貢献、という一連のスタンダードな流れを描くであろう。もちろんこの流れは否定されるものではないが、実務において、この流れでは成果を出すことが非常に難しいといわざるを得ない。

理由としては、①いくら素晴らしい個別計画を策定したとしても、すべての個別計画を一気に執行できるほどの戦略的経費は、ことに経常収支比率が95％を超えているような地方自治体においてはほとんど確保することができない、②個別計画を執行するためには、相当の準備期間と執行およびそのフォローの体制が必要であるにも関わらず、専属となる職員の確保は定員削減が進む現状では非常に難しい、③仮に確保できたとしても、職員が同じ部署に在籍できる期間はせいぜい2、3年間と非常に短い、④これらの個別計画の進捗を総合的、計画的に管理し、適宜の時点修正を継続的に行う組織あるいはシステムが、そもそもこれまでの地方自治体には存

在しないことである。

こうした現実を考慮した対処の方法としては先に記述した、①施設白書、②再配置計画、③個別計画、④まちづくりという流れは表向きのものとして認識した上で、実務としては以下のように発想を逆転するべきではないだろうか。

（ⅰ）将来のまちの（あるいは地域地区ごとの）グランドデザインを描き、かつそのグランドデザインを議会および住民と共有する、(ⅱ)個別計画をすべて詳細に描くのではなく特化した案件に集中して描く、(ⅲ)その特化して描いた計画の実行をオブラートに包んだ（それが邪魔をしないような）基本方針を策定する、(ⅳ)これらの判断材料として、住民、議会、行政が公表された情報を共有できる仕組みになっている、という順序の思考ベクトルである。

多くの地方自治体における住民ワークショップでは逆である。まず（ⅳ）情報の説明、特に将来真っ暗闇となるような厳しい情報に特化した説明が行われ、だから（ⅲ）大方針を行政が立案し、住民には（ⅱ）個別計画に協力していただく、でも行政としても（ⅰ）のまちづくりが大切だとは思っているのですよ、といかにも後から取って付けたような表現に終始する説明会になってはいないだろうか。この説明では、住民は地方自治体職員に対して、「まずは施設の統廃合ありきか」と反発をすることになる。これではまちづくりに真剣に取り組んでいる地方自治体職員の努力は報われない。思考のベクトルあるいは住民説明の手順としては、（ⅰ）→（ⅱ）→（ⅲ）であり、そのバックグラウンドとして（ⅳ）があることを十分理解するべきである。

施設白書の作成にしても、情報の収集・整理にしても、なぜ地方自治体職員がそれ自体を目的化してしまうかといえば、事業全体のストーリー性が思い描けていないからではないだろうか。

一見すると時間がかかり、非常に困難な道のようであるが、先の「（ⅰ）将来のまちの（あるいは地域地区ごとの）グラン

ドデザインを描くこと、かつそのグランドデザインを議会および住民と共有する」ことが重要である。これを怠ると、結果的に総論賛成・各論反対、本末転倒の議論に陥ってしまうことになる。

(5) 組織だけではなく世代間に横串を通す

現実的社会の中にあって、ガバナンスの達成に障壁として現れてくるものの代表が、行政内部における組織間対立、いわゆる縦割り構造の弊害である。

だが、この縦割り構造の弊害は、タスクフォースの活用や悪しきプロジェクト会議の見直し、あるいは後述する全庁共有化されたデータベースの構築等により、徐々にではあるが緩和されてきている。若い世代を中心に縦割り構造を打破するための横串を通すこと、すなわち横串化への抵抗感はなくなってきているように見受けられる。全国で公共施設マネジメントの推進が謳われていること自体がそれを物語っている。

「作成する」→仕事化する→業務化→目的化→事例研究・仕様書・体裁・自前か外部委託か・納品時期・成果物

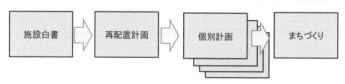

一気に詳細な個別計画を描いても、毎年度の予算には限りがあり、その他の主要な事業もある。職員は限られている。異動までの限られた時間。→結局、優先順位をつけて着実に執行していかなくてはならない。

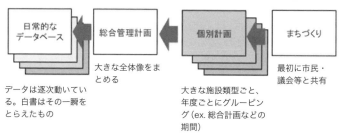

図 5-2　思考のベクトルを逆転する

一方、今後の公共施設マネジメントの実施段階、特に地域あるいは地区ごとでの説明会やワークショップにおいて課題となるのが、世代間の意見や感覚の格差である。総人口の減少に加えて世代間人口の歪みが問題であるのは周知のとおりであるが、これらは公共施設マネジメントの実行にも非常に大きな影響を与える。

　かつては、大規模なホールの建設が成功事例の象徴とみなされ、地方自治体間で競い合うように建設されてきたが、現代の若年層はそうした大ホールに果たしてどれほどの興味を示すのであろうか。こうした素朴な疑問から考えれば、今後、最も大きな課題となるのは、組織の横串化だけではなく、世代間の横串化ではないだろうか。今後、公共施設マネジメントの実行にあたっては、若い世代が参加できる仕組みをいかに構築できるかが大きなカギになりそうである。

　「4章」でも触れた会津若松市での小学生を含む多世代間でのワークショップの実施などは、まさに今後の公共施設マネジメントを通した地域力の活性化につながる行動のひとつといえるのではないだろうか。

　また、静岡県御前崎市では、地元の高校生と一緒に公共施設マネジメントについて考える機会を創出し、漫画を使った公共施設等総合管理計画を作成し、市民に配布を行っている。このような行動も、長期的な視点からの世代間の横串に大きな影響を及ぼすことになると信じる。

御前崎市公共施設マネジメント
http://www.city.omaezaki.shizuoka.jp/zaisei/shise/shisaku/kaikaku/kokyoshisetsu/manga.html

5.3　公共施設等総合管理計画の位置づけ

(1) 計画策定が目的ではない

　平成26（2014）年4月22日付けで総務省より各地方自治体宛に「公共施設等の総合的かつ計画的な管理の推進について（総財務第74号）」と題する文書が通知された。

　これは、わが国における公共施設等の老朽化問題、地方自治体における厳しい財政状況、今後の人口減少等により公共施

設等の利用需要が変化していくことを背景とした公共施設等の総合的かつ計画的な管理を推進するための計画（以下、「公共施設等総合管理計画」という）の策定を促すためのものである。公共施設等の中には、建築物だけではなく道路、橋梁、上・下水道等のインフラ施設に関する長寿命化計画等も含まれている。

　また今回の公共施設等総合管理計画の内容は、対象とする施設範囲が広いだけではなく、ソフト・ハード両面からの公共施設等の今後のあり方そのものの検討など、さまざまなカテゴリーが含まれており、また時間軸においても一気に解決できるものではない項目も含まれている。

　これまで地方自治体におけるまちづくりの議論は、ソフト論・ハード論が別個に検討されることが多かった。あるいは同じハード論でも、公共建築物と土木インフラ設備はバラバラにその管理計画等が策定される傾向が強かったが、今回の公共施設等総合管理計画の策定はこれまでとは違う画期的な転換の契機となることが期待できる。

　ハード論だけではなく、市民協働や官民連携による行政サービスのあり方等のソフト論を庁内で横串化のもとで同時並行的に検討するきっかけが、まさに公共施設等総合管理計画の策定であり、その実行が公共施設マネジメントの推進である。

(2) 担当部局の庁内での立ち位置

　総務省からの通知はあくまでも公共施設等総合管理計画の策定要請であり、厳密には法律的行為ではない。そもそも国にいわれたからやるというものではなく、地方自治体としてやらなければならないことについて、その基本的事項を整理したものが国から通知されたということではないだろうか。

　今回の公共施設等総合管理計画は、全国一斉に耐震改修工事を実施するようになった耐震改修促進法などとは異なり、明確な法律的バックグランドを持たないために、地方自治体

の中での所管課、いわゆる立ち位置が曖昧になる可能性が高い。今後この計画を一過性のものとしないためには、地方自治体の中での上位計画である総合計画や実施計画、さらには行政改革プラン、あるいは都市計画マスタープラン等々の下にしっかり位置付けしておく必要がある。地方自治体の中で「座りが良いところ」を探しておくことが肝要である。

(3) 広域連携による取りまとめの可能性

> 都道府県単位での情報の共有化が重要

　先述したように公共施設等総合管理計画では、建築物だけではなく道路、橋梁、上・下水道等のインフラ施設等のさまざまな情報が網羅的に収集されることとなる。当然であるが、これらの施設は○○市といった行政界をまたいで整備され利用されている。地方自治体にとってはこの行政界が重要かもしれないが、住民にとっては公共施設等の利用面からは重要性はない。公共施設マネジメントの視点からも行政界内だけの最適化だけではなく、行政サービスの種類によっては広域でのサービスのあり方の検討やベンチマークの作成等が重要となる。今後の公共施設マネジメントの推進にあたっては、官民連携の視点だけではなく、地方自治体間での業務連携（アライアンス）による、広域行政サービスとしての最適化も重要な視点となる。

　すでに先進の地方自治体においては、都道府県、市町村を問わず公共施設等総合管理計画の策定が進められているが、こうしたことを考えれば、最低でも都道府県単位での情報の共有化に努めていくことが重要である。

　都道府県と市町村との連携という視点で注目される自治体は、奈良県ではないだろうか。奈良県には、ファシリティマネジメント室が設置されており、県有施設の情報の一元化を図るとともに、県庁内だけではなく、県内自治体との連携にも力を注いでいる。県有資産や県有地を県内の自治体のまちづくりの拠点として活用するなど、都道府県と市町村の新たな連携モデルとなるのではないかと期待している。

> 未利用地への民間施設誘致（奈良県）
> http://www.pref.nara.jp/secure/147873/201510132.pdf

(4) 計画策定に関わるパブリックコメント

　地方自治体が公共施設等総合管理計画を策定する過程において、住民への説明、意見収集等のためにパブリックコメントを実施するケースが多い。具体的な実施方法については地方自治体ごとに条例等によって規定されていると思われるが、住民に大きな影響を与える計画等を、こうした行政手続き上のプロセスを抜きにして地方自治体が策定できる時代ではない。

　しかし、実際にはパブリックコメントにおける意見提出の少なさや、意見提出者の年代構成に偏りがある点に多くの地方自治体は悩んでいるのではないだろうか。未来のまちの方向性を定める計画に対して、策定時点での10代から30代すなわち将来の働き世代の意見がほとんど反映されていないケースが多いからである。

　この問題を突き詰めると地方自治そのもののあり方にまで及ぶのでここで言及することは避けるが、少なくともこうした問題点を補う制度として議会という存在があり、あるいは仕組みや発想を変えれば、小中高校生に意見を求めることもできなくはない。全国で実施されるようになってきた市民シンポジウムやワークショップなどの開催はその実例といえる。

5.4　公共施設マネジメントのプロセス

(1) マクロ的な情報把握

> 公共施設等の更新について、現在大きなウェイトを占めているのは建物ではなく土木インフラ

　公共施設等総合管理計画における対象施設等には、庁舎、学校、公民館等の建築物だけではなく、道路、橋梁、上・下水道等のインフラ施設も含まれる。建築物については、各地方自治体において施設白書が作成・公表されるなど、情報の「見える化」が推進されつつあるが、インフラ施設についてはまだそうした動きには十分に至っていない。

　こうした状況を考えると地方自治体としては、まずは公共建築物だけではなくインフラ施設を含めた公共施設等の全体

状況（総量）について、基礎的情報をもとにマクロ的に把握することからスタートするべきである。この段階から情報整理を進め、徐々に個々の施設の実態情報を把握する段階に進むことが重要である。現在問題となっている公共施設等の更新において、大きなウェイトを占めるのは実は建築物ではなく、道路、橋梁等の土木インフラである。

　詳細情報を把握する次の段階としては、同用途の施設とのベンチマーキングや、周辺に存在する近似的な施設用途との比較がある。あるいは同様の機能を有する民間施設との差異の把握、周辺の地方自治体で提供されている同様の行政サービス（機能）との比較・分析を行い、それぞれの施設が有する本来の機能の最適化や将来のあり方について検討を進めていくことになる。

（2）新地方公会計制度との整合

　マクロ情報の把握のための最も基本的な方法として、新地方公会計制度による固定資産台帳の活用がある。固定資産台帳は公有財産台帳とは違い、建築物だけではなく土木インフラ施設についても、網羅的に金額情報を含めて整理することとされている。さらに固定資産台帳は、施設単位（敷地単位）ではなく建築物の棟単位で情報が整理されることとなるため、棟ごとに耐震性や老朽度が異なる個別の建築物の保全計画を作成する上でも、整合性が取りやすい。

　またこの固定資産台帳の情報を用いて、会計法上の計算ではあるが減価償却費等を算出することによって、今後の公共施設等の更新費の目安を見定めることも可能である。

　さらにこの固定資産台帳の情報は毎年度更新されることになるため、公共施設マネジメントの基礎的情報としておくことは、持続性の面でも非常に有効である。

　ただし、固定資産台帳は、施設の詳細な情報を提供するものではない。公共施設マネジメントの実行においては、個別の施設の実地調査やアンケート調査を含む具体的な利用状況

の調査、官民連携事業によるサービスのあり方、周辺の地方自治体との連携方法等について、個別具体的な検討を行う必要が出てくる。

　要するに初期段階では、固定資産台帳等の事務的な情報を使用することにより公共施設等の現状をマクロ的に把握することができるが、具体的な個別計画の検討においては、技術的な検討も併せて行わなければならない。つまり、初期段階において公共施設マネジメントの大まかな方向性（基本方針）を定め、次の段階ではその基本方針で示された内容を具体的な行動計画につなげるために、個別施設の計画策定に移ることになる。

(3) すでに庁内にある情報の収集

　初期段階に必要な情報は、固定資産台帳整備を基本とする公会計情報、地方自治体における上位計画である総合計画等の情報、あるいはすでに庁内の仕組みとして存在する行政評価シート等により十分網羅することができる。具体的には、人口シミュレーション結果（地方自治体総人口および年代別人口構成）、財政収支シミュレーション結果、財務諸表、建築物等の基礎的情報（延床面積、構造、階数、建築年《経年》、耐震性能、老朽度《概要》、エネルギー消費量《光熱水費》、維持管理費（修繕費、管理委託費、清掃委託費、警備委託費等）、人件費、利用状況（概要）等である。

　ただし、これらの情報を一気に収集しなければ公共施設マネジメントが実行できないというものではない。建築物等の基礎的情報のうち、エネルギー消費量以降の情報については、順次精度を上げていきながら収集すれば足りる。

　例えば、この光熱水費などエネルギー消費量のデータに着目し、大きな成果を出したことで有名なのが、青森県である。青森県はまさに公共施設マネジメントの先駆的存在である。具体的には庁内ベンチャーとして「インハウスエスコ事業」に取り組み、2カ年度で光熱水費を5,303万円／年削減

**青森県インハウス
エスコ事業**
http://www.pref.aomori.lg.jp/kensei/zaisan/inhouseesco-top.html

したのである。こうした具体的成果につなげていくことを証明したのが青森県であり、その後の多くの自治体の先例となったのである。

　話を戻すが、この初動段階の次の段階においては、施設のより詳細な劣化状況等が必要になってくる。これらについては、新たな調査等を実施することになるが、もしそれらを実施しない場合でも、建築基準法第12条に基づく点検や、消防法等に基づく法定点検の結果等を参照することで状況把握がある程度まで可能となる。施設管理者による日常点検結果が得られるようであれば、さらに具体的な状況把握が可能となる。

　個別計画の検討を進めるにあたって、周辺に存在する類似した施設用途との比較や、あるいは同様の機能を有する民間施設（例えば公民館とカレッジスクールとの比較など）の実態調査等を加えて、精度を高めていくことが必要になる。

　以上はひとつの参考事例であり、実際には個別に検討項目の精査が必要となる。地域や地区ごとの目指すべきまちづくりの基本的な方向性、すなわち上位計画である総合計画や都市計画マスタープラン等、すでに地方自治体ごとに作成されている大きな方向性に従って検討項目を精査していくことが必要である。

(4) 財務会計システム等との連携

　各地方自治体では、公会計システム、公有財産台帳管理システム、財務会計システム、施設保全システム等がすでに導入されていると思われる。公共施設マネジメントにおいて大事なことは、個別のシステムで処理されているデータが1つ1つのしっかりしたデータベースとなっていることである。すなわち、必要に応じて各部署が自分のシステムにそのデータベースの情報を取り込むこと（インポート）ができる状態にしておくことが重要である。特に財務会計システムと連携させて、施設の棟単位でコスト情報が連動していれば、財務上

のチェックが可能となり、マネジメントツールとしては非常に効果的となる。

(5) データがつなぐ庁内横串化

これまでは、施設白書の作成が公共施設マネジメントの入口戦略として進められてきた傾向がある。しかし、その施設白書は一度作成されたとしても、白書の名のとおりに毎年データが更新されているという地方自治体はまれである。

これは入口戦略としての取り組みとしては先進的であったとしても、その先の出口としての個別具体的な実行事例が想定されていなかった、あるいは描き切れていなかった結果だと思われる。

今後は業務の内容がこれまでの施設白書作成から公共施設等総合管理計画作成へと変化していくと考えられるが、施設白書のデータが更新されないという仕組みも同時に変えていく必要がある。データの更新を庁内で統一的、計画的、継続的に行うためには、先述の財務会計情報に関わるシステムデータを、施設保全に関わるシステムデータに連動させておくことが重要である。端的にいえば、企画・財政・行革サイドで持つデータと、建築・土木・教育委員会等で持つデータを共有化し、同じ公共施設マネジメントツールとして活用することが求められている。

実際の自治体の中では、こうした企画部門と建築技術部門が連携して行動を起こす事例はほとんど見当たらないのではないだろうか。しかし、神奈川県小田原市では、その企画部門と建築技術部門の職員が中心となって、公共施設マネジメントに関わる課題共有のために、全職員に向けた情報発信や施設管理担当者のサポートのための新聞「たてもの保全活用通信」を自前で作成している。その内容の充実度や完成度といい、他の自治体のお手本となる作品ばかりである。

個別施設計画（行動計画）の策定、例えば公共施設等の最適化計画を策定する場合、地域や地区の特性に応じて施設の

財務会計情報に関わるシステムデータと施設保全に関わるシステムデータを連動させる

たてもの保全活用通信（小田原市）
http://www.city.odawara.kanagawa.jp/municipality/administra/sisetsu/maintenance/p17681.html

統廃合計画や複合化・集中化計画、あるいはコンバージョン（用途変更）計画等さまざまな手法が考えられる。また公共施設等の長寿命化計画を策定する場合、施設ごとに大規模改修工事計画や中長期保全計画等が策定されることになる。手法の選択あるいは計画の作成に際して、必要な情報は庁内を横串化して初めて収集が容易になるのである。

(6) 行政サービスの見直し

これまで、公共施設マネジメントには施設白書を作成してから公共施設の再編成に取り掛かるという、ひとつの大きな流れが存在した。実務の中でその本質を見つめていると、そこには最終的な目的として持続可能なまちづくりが存在し、そのために「これまで提供してきた行政サービスという名の

部門	政策分野	
市民	住民窓口 （住民票等、国民健康保険等）	
税務	納税窓口 （市民税、県民税、自動車税等）	
福祉	高齢者福祉 障害者福祉	こども福祉
建設	都市計画 建築 住宅 道路（土木）	公園 上・下水道 交通
産業	商工労働 農林水産	観光 雇用（地域創生）
環境	環境保全 エネルギー政策	ごみ収集
危機管理	防犯	防災
総務	総務 管財	情報システム
財政	企画政策 財政	行政改革
教育	学校教育	社会教育（生涯学習）
その他	議会事務局 各種委員会 （教育委員会、農業委員会等）	現業部門 その他

表 5-1　行政サービスのカテゴリー例

機能」の見直しが重要であることに気が付いてくる。

言葉を換えれば、そもそも器ありきの「施設白書」議論ではなく、本質的な「行政サービス白書」の作成がいま求められているといえる。

> 本質的な「行政サービス白書」の作成がいま求められている

では、公共施設マネジメントにとって有効な行政サービス白書とはどのようなものか。

すでに各地方自治体においては行政評価を公表しているケースも多いと思われるが、この行政評価は予算書に組み込まれた事務事業ごとの成果に対する評価という意味合いが強く、住民にとってはあまり馴染みのない切り口や表現となっていることが多い。

公共施設マネジメントにおいては住民の理解が欠かせないことを考えれば、まず行政サービスの内容自体が住民側から理解しやすいものになっていることが重要である。その条件に最も近いものとして考えられるのが、各地方自治体が出している広報紙やホームページのトップ画面に表れるカテゴリー分けである。それらを鳥瞰すると、地域や人口規模等によって多少の違いはあるものの、行政サービスはおおむね**[表5-1]**のようなカテゴリーに分類される。

公共施設等総合管理計画において施設用途（図書館や公民館、学校、保育所等）ごとに今後のあり方を論ずるだけではなく、より根本的なこととして、これらの行政サービス（機能）そのものを今後どうしていくかを論ずることが先決であることを理解しなければならない。

（7）固定概念からの脱却の重要性

> 「器をどうするか」ではなく「機能をどう見直すか」が大切

量と質の両面からの公共施設等の最適化計画にあたっては、まず固定概念から思考を脱却させなければならない。「器をどうしよう」ではなく「機能をどう見直していくか」が大切なのである。

地方自治体では、どこの部署の文書を見ても判を押したように少子高齢化社会への対応云々の表現が見受けられる。そ

して高齢者というと白髪頭で杖をついた老人のイラストが添えられている。すでにこの発想の時点で、地方自治体職員は「高齢者は全員パソコンやスマートホンは一切使えない」という認識に立って、高齢化対策の計画を策定しようとしてはいないだろうか。確かにこれまでの高齢者の多くは、パソコン等は苦手だったかもしれないが、10年先に60代になる人たちにとってパソコンは日常的に使用するツールである。これから策定する高齢者対応の計画は、現在の50代を対象にその将来像を描いておかなくてはならない。こう考えるとそのありようはまったく変わってくるのではないだろうか。ICTを使いこなしている世代ならば、わざわざ市役所やコンビニに紙の各種申請書を取りに行くだろうか。求められる機能自体が変わっていくということに気付くべきである。

　少し視点は違うが、これまでの公共施設マネジメントに取り組む自治体の発想の固定概念を変換させた事例として千葉県流山市がある。流山市では、マーケティング（課題の発見・他自治体の事例分析）とイノベーション（流山市向けにアレンジ・実践ノウハウを次の事業へ展開）を意識して、「できるようにやる、付加価値をつける、2つのPPP（Publc Private Partnership/Public　Public Partnership）の積極活用」を行うことによってシンプルに公共施設マネジメント施策を推進している。

(8) バランス思考の重要性

　例えば学校建築物として建設された校舎や体育館は、建設されてから解体されるまでの一生を学校建築物として生きていかなくてはならないのだろうか。コンバージョン（用途変更）し、コミュニティーセンターや高齢者施設等に生まれ変わってもよいのではないだろうか。

　人生90年と仮定した場合、この学校建築物を使用するのは小学校6年間と中学校3年間のわずか合計9年間だけである。すなわち人生の10分の1だけの期間、学校建築物を「使用

流山市のFMの概要
https://www.city.nagareyama.chiba.jp/information/81/427/002399.html

人生の10分の1だけの期間「使用市民」として学校建築物を保有するだけでいいのか？

者市民」として使用し、それ以外の10分の9はほとんど直接的な関係を持たない「負担者市民」として学校建築物を保有し、税金として莫大な維持管理経費を投入しているのが現実である。さらにその経費の投入は、次世代の財布をもあてにして実行されているという仕組みを理解しておくべきである。先に述べた地方自治法の「最少の経費で最大の効果を挙げる」という趣旨からすれば、学校という機能を十分理解した上で、残りの10分の9の期間についても利用効果を生み出すような、真に地域全体のコミュニティー資産として活用する方法を住民、議会、行政が議論し、検討し、実行していかなくてはならない。そのことは教育環境を悪化させるものではない。まさに昭和初期の状況まで児童・生徒の人数が減っていく時代を迎えるにあたって、地域全体で児童生徒を見守り育て、生きる力を地域全体で教える環境にシフトチェンジすることを考える時代を迎えたということを示している。

(9) マネジメントとアカウンタビリティー

> 公共施設マネジメントは、まちを運営・構築していく仕組み

　土木インフラ情報を含めた公共施設等全体の状況について、住民、議会に積極的に情報公開することは、今後のまちづくりにとって非常に重要な第一歩となる。先にも述べたように、地方自治においては、住民、議会、行政が同じ情報を共有し、それぞれが適正な双方向の関係性を保ちつつ、まちを運営していく仕組みとなっているからである。行政が住民、議会へのアカウンタビリティー（説明責任）を実行し、住民、議会、行政が共に個々の施設の機能のあり方を見つめ直し、市民協働や官民連携、広域連携等、さまざまな手法を検討することで、持続可能なまちづくりにつなげていくことが重要となる。

　公共施設マネジメントは単に公共建築物の再編計画を策定することが目的ではなく、それをきっかけとして、これからのまちづくりについて住民、議会、行政が双方向での議論を行い、まちを運営・構築していく仕組みであり、このことにより地方自治におけるガバナンスが達成されるのである。

（10）2層のエリアマネジメント

「コミュニティーの持続性」と「行政機能の継続性」の2層のエリアマネジメントが重要

　総務省からの公共施設等総合管理計画策定においては、個別の施設ごとにその整備の方向性を記すこととされている。ただし国のいう個別施設とは、道路、橋梁、港湾、建物（学校等）などのカテゴリーごとの非常に大きなくくりのものを指している。

　一方、地方自治体においては、個別施設といえば、庁舎、学校、公民館、図書館、公営住宅等々の建築物の細かな用途分類のことを指すのが一般的な感覚である。従って全国の地方自治体においては、公共施設等総合管理計画の中でその建築物の用途分類ごとに今後の整備方針を策定する流れとなっている。先述した類似の施設用途との比較や、あるいは同様の機能を有する民間施設の実態把握による比較は、まさにこの用途分類を意識したものである。

　ただし実務としての公共施設の再編成においては、同じ行政区域内にあっても各地域や地区の特色に配慮したコミュニティーの継続性（CCP：Community continuity planning）を担うエリアマネジメントの考え方が重要となる。この地域あるいは地区ごとにおけるエリアマネジメントの考え方は、日常だけではなく災害時等における短期的な1次避難場所のマネジメントとしても有効である。従ってエリアマネジメントの体制づくりでは、組織横断的な機能の集約化や複合化が効率的であり、実効性があると考えられる。

　一方、市域全域を対象とした、あるいは行政界を超えたエリアマネジメントについては、日常的なICT（情報通信技術）や道路ネットワーク（交通ネットワークを含む）の活用を背景とした、広域での行政サービス機能の提供や配置という視点が重要であり、災害時においては長期間にわたる行政機能の継続性（BCP：Business continuity planning）を担うエリアマネジメントの考え方が必要である。

　公共施設マネジメントにおける施設の再編計画等の検討段階においては、先に述べた施設分類ごとの分析だけではなく、

この2層のエリアマネジメントによる機能の仕分けが重要になる。そうしなければ組織内の横串化された議論は生まれないのである。

(11) 次世代の自由度を上げるために

多くの公共施設等総合管理計画のサブタイトルとして「次世代の負担を減らす」という表現が多く見受けられる。それ自体を否定するのではないが、この謳い文句は、その先の地元説明会において多くの高齢者層の感情的な反発を買っているのではないだろうか。その結果として各論の実行の第一歩に大きな支障を生じさせている可能性がある。

「次世代の負担を減らす」ことの本質とは、負担を減らすことによって、次世代における財務上、品質上、保有上の制約を極力少なくし、その結果として「次世代の自由度を上げる」ことではないだろうか。さらにいえば、その自由度を上げることによって、「次世代に選択の余地を残す」ことではないだろうか。自由な選択ができない社会を残された世代は不幸以外の何ものでもない。例えば、次世代にも使えるようにと大きく多目的な公民館を建設するとしよう。その思いやりは次世代にその建設コストの借金を残し、次世代にとっては使い勝手も悪く、改修するにも多くのコストがかかるということになりかねない。こうした現象を生じさせてはならないのである。

公共施設等総合管理計画において個別計画をつくらなくてはならないからといって、向こう数十年間にわたる統廃合計画や複合化計画、再配置計画等を詳細に決めてしまうことは、かえって次世代に制約を加えることになることを理解しておかなくてはならない。

具体的な千葉県佐倉市の事例については、「6章」の保育園改築に絡む面整備事業の頁でも詳しく述べるが、地中に長大な杭を打ち込んで鉄筋コンクリート造の建築物をつくる手法だけではなく、期限を区切ったある年数のみ建築物を所有す

る、あるいは賃貸借して行政サービス機能を確保する手法も、今後は考えていかなくてはならないのである。

コラム　3

自治体職員の独り言

● **大規模地震から学ぶ
　公共施設マネジメント**

　2016年10月、阿蘇くまもと空港に向かう飛行機の窓から見える眼下の家々の屋根には、まだまだ至る所にブルーシートのカバーが掛けられ、被害が大きかったことを物語っていた。

　同年4月14日夜に熊本県熊本地方でマグニチュード6.5、最大震度7の熊本地震が発生した。その後16日未明に発生したM7.3の地震を受け、当初本震と考えられていた14日夜の地震は前震と位置付けられ、16日未明の地震が本震であったと訂正されるに至った。その後地震は、震度4を超える大きな揺れが絶え間なく続き、地震の範囲は大分県中部地方にまで拡がるとともに、死者の数も100人を超えるなど、現役世代としてはこれまで経験したことのない震災に直面した。現地の取材テレビの映像からは、倒壊した建物や崩壊した台地や土木インフラ、24時間休むことのない避難所生活の光景が映し出された。

　ここで、公共施設マネジメントに携わる者として感じることがある。それは、「2層のエリアマネジメント」の重要性である。今回のような大規模災害に直面した際に、周辺地域からの具体的支援が難しい最初の3日間を、地域住民が自力で無事に過ごす「場」をいかに現実的かつ具体的に確保できるかが重要なのである。

　人は非日常的な場面に遭遇すればするほど住み慣れた環境・風景に居たくなるが、被災するということはそれすら許されない状況を迎える。今回の熊本地方においても、被災者を治療する病院施設や医師・スタッフも同時に被災したため長期戦に対応できなくなり、周辺の自治体の医療機関に搬送を余儀なくされた現実があった。

　また、長期戦になればなるほど、身体的にも精神的にも人への負担は大きくなっていく。プライバシーもなく体育館の大空間で寝なければならない現実や、女性や子供特有のケアがなされない状態での長期戦は思いのほか耐え難いものだと思う。

　こうした状況を鑑みるに、1次避難所とは別に長期戦になった時に避難する2次的な避難所である「場」をいかに持続可能的に確保できるかが肝要である。そのためには、被災した自治体内だけではなく、広域的な視点から考える必要がある。この発想は、かつての自治体間の合併の議論等ではなく、自治体が提供する機能（サービス）のアライアンス（共同・連携）といえるのではないだろうか。

　災害時に3日間を過ごす1次避難所は、平常時に置き換えて考えれば、コミュニティーの核に成り得る条件を満たしているということであり、さらにそれはコミュニティーの継続性（CCP：Community　continuity planning）という視点から重要な施設といえる。そうした施設はさまざまな機能の集約化・複合化が可能な施設ともいえるのであり、狭義な範囲内での適度なエリアマネジメントを構成している。

一方、被災後3日間を超えて活躍する2次避難所の機能とは、まさに行政としては究極的に求められる社会経済活動の継続性、すなわち長期間に渡る行政機能の継続性（BCP：Business continuity planning）ということではないだろうか。その機能こそ、先に述べた自治体（行政界）を超えてなさねばならない業であり、広域的エリアマネジメントといえる。それを平常時に置き換えて考えれば、ICT（情報通信技術）や道路ネットワーク（交通ネットワークを含む）による広域化ということになる。

現在、災害とは別に地方創生や立地適正化計画、公共施設等総合管理計画等々の計画論が巷を騒がせているが、何がどう変わろうとも地域住民との対話の中で変わらないキーワードがある。それは、「コミュニティー」と「防災」である。

これまで自治体の中では、公共施設等総合管理計画について施設用途ごとの方向性や統廃合計画を議論することが多かったが、この議論のほかに、小さな範囲内に必ずあったほうがよい施設（機能）と広域で持っていたほうがよい施設（機能）を仕分けるという考え方、すなわち2層のエリアマネジメントの考え方を加えていくことが重要である。

最近、コンビニエンスストア内に大きなイートインコーナーを併設している事例をよく見かける。そのコーナーは売り場面積と同じ

コンビニエンスストア内のイートインコーナー

くらいの面積を持ち、フリーWi-FiやPC・携帯の充電、あるいは立ち寄った大学生やサラリーマンたちのおしゃべりや打ち合わせスペースとして提供されている。これは自治体がつくるコミュニティーセンターや公民館、勤労者センター、老人憩の家等々の使い勝手とあまり変わらないのではないだろうか。自治体は、コンビニエンスストアと連携し、その空間を指定管理者制等を活用した住民のコミュニティースペースとして整備してはどうだろうか。コンビニエンスストアはキャッシュディスペンサーなどさまざまな生活基盤機能を持つ24時間体制のコミュニティースペースであり、駐車場も広い。さらに、例えば利用料金等をレジで打ち込みながら、利用者の年代層や利用方法、利用時間等を整理すれば、いま求められている住民の需要もリアルタイムでビックデータとして把握できるようになるだろう。

また災害時、自治体とコンビニエンスストアが事前に災害対応時契約を結んでおき、発災時以降はそこにある商品は基本的にすべて買い取る等の仕組みを構築しておけば、自治

体が整備する防災倉庫のストックの補完機能として住民の役に立つ。さらに、自治体が持たない配送能力という強い機能も持ち合わせている。

コミュニティーという普段使いと防災という非常時使いが、まさに表裏一体として機能してこそプラグマティックな公共施設マネジメントになるのではないだろうか。

● 自治体職員 vs 地域住民からのシフトチェンジ

「周辺の住民から子どもの声は騒音との訴えを受け、保育園の開園が断念された」というニュースを聞いて、咄嗟にテレビを二度見してしまったことがある。もちろん、周辺住民は騒音という理由だけではなく、交通渋滞の問題や災害時の避難の問題等々、あくまでも子どもたちの安全性確保などさまざまな観点を考慮した上で反対されたのだと思うが……。

かつて私が自治体職員だった頃、ある小学校の新築工事に当たり、周辺住民の皆様へ説明に回ったことがある。その際、「小学校の運動会の練習がうるさいから建設に反対」といわれたことがある。正直、私はそのとき言葉を失った。「そ・う・で・す・か……」と、ただただ曖昧に引きつった笑いを浮かべる自分がいた。何ともいいようのない、切ない思い出である。

この問題は、単に保育園や学校などの建設に限ったことではないのであろう。例えば、家族に何かあれば救急車は1分でも早く駆けつけてほしいが、その消防署が自宅近くにあっては困る、と主張する。日々の訓練やサイレン音は迷惑なのである。

現在、多くの自治体において公共施設等総合管理計画が策定され、その個別具体の計画が検討されるにつれて、地元への説明の機会も増えてきている。昔と違い、お役所が決めたことを上意下達で住民に伝え、事業を執行することは許されない状況にあり、あくまでも途中経過の説明責任（アカウンタビリティー）を果たさなければならない。つまり、プロセスが重要視されている時代である。それが住民主権上重要な視点であることに間違いはないと思う。がしかし、そのために、地元住民の理解が遅々として進まず、公共施設等総合管理計画の個別計画が一向に進まないという自治体が多いのも事実である。

いま、多くの自治体でワークショップと称する住民合意のためのプロセス会議が実施されているが、そもそもそこへの参加者は、お互いが違う意見を持ち合っていることを理解し合った上で参加しているだろうか。あるいは、主催者である自治体は、そのワークショップの最初の席で参加者に「あえて自分たちの肩書きや立場を忘れること」「お互いを批判しないこと」あるいは「愚痴や文句をいわずに楽しく議論すること」といった原則的なルールをしっかり伝えているであろうか。今の自治体職員は、実はこんな当たり前のことをいうことさえ、ためらってしまう雰囲気があるのではないだろうか。「ヘタにいうと、地元の大きな声に反発される」と、内心ドキドキしているのが正直なところではないか。

今の日本の自治体は、こうした一方的な受け身の存在に追いやられているように見受けられる。多くの説明会では説明者（自治体職

員）vs住民という構図が出来上がっている。そして、アッという間に「周辺住民の反対を受け……」という結果になってしまうのである。

　私は以前、アメリカ・オレゴン州ポートランドの大学で住民自治の様子を見た経験がある。ある平日の夜、住民たちが地元の教会に集まり、町のゴミ出しの方法について話し合っていたが、そのやり取りにお互い遠慮がないことに驚いた。その時に感じたのは、まさに参加者間には皆ダイバーシティ（多様性）の感覚が根っこから身に付いており、だからこそ、お互いが公平に自分の意見を言い合える機会や場所が必要であることを理解しているように思えた。考えてみれば極々当たり前の住民自治の土壌がそこにはあった。

　今後、日本においては、ただプロセス上のアカウンタビリティーの重要性を訴える前に、上述したような愚痴や批判や文句ではない、住民同士が真摯に会話する風土をつくり出していくことが重要であると思う。自治体職員vs住民という二極対立の構図ではなく、ファシリテーター（ポートランドの例では牧師が務めていた）を間に挟むことで、住民同士が向き合う体制へのシフトチェンジが起こせるかどうかが、今後の公共施設マネジメントのカギになるのではないだろうか。

● 減点（ネガティブ）評価から加点（ポジティブ）評価へ

　ある自治体のトップと公共施設マネジメントの重要性について議論をしている時に、ふとこんな言葉が出た。「公共施設マネジメントの必要性について、市の職員がいろいろな情報を駆使して住民の皆様に説明をしても、どうも住民の皆さんには通じない、というかピンときてくれないんです。本当は住民の皆さんもわかっているはずなのに、どうしてなのでしょうか」と。

　こうした話はよく聞くのだが、改めてその時に思ったのは、「市民感覚としては、はなはだ当然なのかもしれない」ということである。地元住民に限らず、人間はみんな「自分にとって良い話、メリットのある話」には興味を示すが、逆に「自分にとって悪い話、デメリットの多そうな話」には興味を示さない。それどころか、悪い話はどんなに重要な事柄であっても極力目の前の事柄としてはとらえず、むしろ避けることによって身の安定を保とうとする。私自身もそうであるように。

　公共施設マネジメントの視点からいえば、これまで多くの自治体における施設評価は、施設の耐震性があるのかないのか、老朽度がどれくらい進んでいるのか、利用者人数は何人か、利用率が高いのか低いのか（そもそも何％以上が利用率が高く、何％未満なら低いと設定されているのかさえ疑問ではあるが）等々のデータを集めて、それを分析し、施設白書等として住民に公表している現実がある。また、それを地元説明会やワークショップで説明しているのである。

　考えてみれば、これらの施設評価の項目は、そのほとんどが減点評価であり、施設を提供している側からすればリスク評価の項目といえる。地元住民はこの減点評価（リスク評価）をわざわざ集会所に集められて自治体職員から説明される。聞かされる者にとっては、先

に挙げた「自分にとって悪い話、デメリットの多そうな話」としてしか受け取れず、結果、興味を持てないのである。むしろ会全体の雰囲気としては反発を招く恐れもある。まさにネガティブな状況である。

では、どうすればよいのか？

先に「自分にとって良い話、メリットのある話」をしていく必要があるのである。

こう書くと、これまでのように陳情行政の二の舞で、ハコモノ行政の時代に戻ってしまうのではないか、と心配される方もあるかもしれない。だが、今の住民はもっと現実的で賢い選択を望んでいるということを忘れてはならない。現代社会の中でも、斬新な大規模ホールの建設を望む住民の声が聞こえてくるかもしれないが、冷静に考えればそうした声は大勢ではないことはすぐにわかるはずである。

住民に対して「自分にとって良い話、メリットのある話」をするためには、どのような施設評価を行えばよいのだろうか。

私はかつて自治体職員であったとき、耐震性の低い公民館の更新問題にあたり、単体での建て替えではなく、駅周辺に散在する市が提供する「サービス（機能）」の集約化を図り、複合施設としての建て替えを計画し実行に移した経験がある（「6章」参照）。また、小学校のプール施設の更新問題にあたり、プールを建て替えるのではなく廃止し、水泳授業という「サービス（機能）」を民間のスイミングスクールにアウトソースしたこともある。これらは、単純に建て替えを行うのではなく、あるいは施設（建物）を解体し総量縮減を図ろうとするものでもなく、その「中身＝機能」に新たな価値を付加するように計画している。

まず複合化された公民館では、高齢者だけが顔を合わせる施設ではなく、出張所を訪れた住民も、児童センターを訪れた子どもたちも、より多くの世代が自然に顔を合わせる機会を増やし、そしてその結節点にはお茶ができる空間が用意されているというように、多世代交流の場の提供を新たに創造したのである。

民間のスイミングスクールでの水泳授業は、天候や季節に左右されることのない屋内型のプール施設環境の下で、より泳力を育てるためにインストラクターによる段階的学習が行われ、保護者はそれを見学することもできるという、これまでの学校での水泳授業にはなかった付加価値を付けた。

もちろん、これらの事例は、最初は「とんでもない計画だ」と庁内でも議論を呼んだが、保護者への説明会やパブリックコメント等を実施する中で、理解を得て進められた。

正直なところ、これまでお役所の中では、複合化されることによる、あるいは官民が連携することによるポジティブな側面を評価する仕組みはあまり見られなかった。だが住民は今こそ、ネガティブな評価の前にポジティブな評価を聞きたいのではないだろうか。そして、これからの自治体職員は、そのポジティブな評価に限られた時間とエネルギーを投入するべきではないだろうか。それこそが公共施設マネジメントに取り組む醍醐味なのだと思う。

大阪に貝塚市という市がある。関西圏における公共施設マネジメントの先導的役割を担う素晴らしい自治体である。貝塚市が取り組

んでいる公共施設マネジメントには愛を感じる。まさに加点評価（ポジティブ評価）からの取り組みを感じるのである。平成28年1月に策定された貝塚市ファシリティマネジメント基本構想・基本方針の中の基本理念のひとつに「愛する公共空間があるという想いを市民と行政が共有する」という一文がある。ここまで言い切る見事な自治体は見たことがない。

貝塚市ファシリティマネジメント基本構想・基本方針
http://www.city.kaizuka.lg.jp/ikkrwebBrowse/material/files/group/11/fm_201601.pdf

---

● 18歳選挙権と世代間の引き継ぎ

平成27（2015）年6月公職選挙法等の一部を改正する法律が成立し、2016年夏の参議院議員選挙から選挙権が18歳に引き下げられた。

NHKが2015年末全国の18～19歳の若者3,000人を対象に実施した事前の世論調査によれば（調査有効数約1,800人）、参議院選挙に「必ず行く」と回答した割合は22％であり、「行くつもり」と回答した割合38％を加えると約60％の若者が「選挙に何かしらの興味・関心を持ち、選挙に行く意思を持っていた」ということである。結果としては、総務省が7月11日に公表した資料によると、18歳の投票率は51.17％、19歳は39.66％で、18歳と19歳を合わせた投票率は45.45％ということである。全体の投票率の54.7％（戦後4番目の低さ）からすると10ポイント程度低くなっているが、全体の投票率は前回の2013年の参議院議員選挙から2.09％回復しているということを考えれば、今回の18～19歳の若者層（全体に占める割合は約2％）が大いに貢献したといえるのではないだろうか。

公共施設マネジメントの世界でもそうだが、上記のように情報の分析を行う場合、その全体像を把握するのに最も用いられるのが、パーセンテージによる「前年に対して○％高齢化が進んだ」等々の表現である。がしかし、よくよく冷静に考えれば、公共施設マネジメントにおける高齢化の大きな課題は、医療費や介護費などの扶助費の増加に伴う財政悪化であり、これは人口構成比の上での○％増という計算で表現できるものではない。年間○千人（絶対数）の人々が後期高齢者人口に加わるから、その人数に一人当たりの平均負担額（想定）を掛け算した結果として求められるものである。

あるいは、地域別の集会所機能のあり方を検討する場合においても、当該地区の高齢者人口の割合が計算根拠になるのではなく、絶対数がどのように変化するかによって具体的に提供するサービスの場所や大きさ、設備の仕様、提供手法のあり方等が検討されるべきではないだろうか。そう考えれば、むしろその絶対数に注目して思考するベクトルが、公共施設マネジメントでは重要である。

今回の選挙についていえば、新たに18歳として選挙権が得られたおよそ240万人のうち51.17％が貴重な一票を投じたことを絶対数に置き換えれば約122万人もの若者が行動を起こしたことを示している。これは、全国47都道府県の県人口でいえば、32番目

の岩手県や33番目の大分県に匹敵するのである。そう考えれば、非常に大きな若い動きが新たに日本に加わった、ととらえるほうがポジティブではないだろうか。

全国の地方自治体を俯瞰すると、公共施設等総合管理計画の策定が急ピッチで進められ、またその一歩先として地元の住民への説明会やワークショップなどが徐々に実施されている状況にある。そうした状況の中で多く見られるシーンが、高齢者からの反対意見に悩まされる地方自治体の職員の姿である。「われわれがつくった学校を統廃合することには反対」「学校がなくなると町が過疎化するから反対」「そもそも人口を増やしていく政策を打つのが役所の仕事だ」等々、一方的にいわれる姿である。

こうした現状を見るたびに、ふと思うことがある。私が大学生の時に他界した祖父が、もし公共施設マネジメントの説明会に来ていたら、何というだろうかと。「もったいないとか、残したいとかいう気持ちはわかるが、そもそもお金はあるのか。目先の感情で議論せずに将来のことをしっかり見据えろ。森を見て木を見ろ。木を見て森を見ろ」と逆に叱られるのではないかと想像する。少なくとも祖父の世代の方々は「私がつくった学校…」とはいわないだろうと思う。

公共施設マネジメントはこれまでの資産を次世代につないでいく作業である。かつて祖父から聞かされた「老いては子に従え」という言葉には、単純に経済的に従属するというのではなく、自らがまだその体力を有している時にあえて次世代に権限を与え、さまざまなことを実行させ、もし万が一失敗した時は陰からフォローに回れるようにしておくという意味があったのではないか。昔の人はちゃんと引き継ぎ方を知っていたのではないだろうか、と。

かなり勝手な妄想ではあるが、2020年を見据え、日本は今回の選挙を起点に大きく次世代にシフトチェンジさせていかなくてはならない、そういう時期を迎えたのだと感じる。先進的な地方自治体では、すでに小学生を対象としたワークショップを行っているのはその表れとも思える。

いま自治体の中で密かに騒がれているのが、2025年問題である。それは、団塊の世代が75歳を迎えるのが2025年なのである。次期東京オリンピックから5年後、今からあと約10年しか残されていない。この時、これまで経験したことのない、とてつもない扶助費の高騰や現実的な介護問題等々が訪れる。このことを考えても、いま真剣に世代間の引き継ぎを始める時期に来ている。

● 公共施設マネジメントの 5つのキーワード

数年前、ポートランド市郊外にあるケネディースクールという廃校になった小学校を一人訪ねたことがある。

1912年創設のその小学校は、廃校後マックメナミンズという民間会社が買い取り、現在は宿泊施設等を持つ複合施設として再利用されている。私が訪れた時、ちょうど中庭では結婚式の二次会であろうパーティが開催されており、仲間たちが新郎新婦を祝福する姿が何とも微笑ましかったことを覚えている。閑

静かな住宅街の中に佇むこの建物は、外観もほぼ当時のままの姿を残しており、周辺環境に溶け込んでいた。地域コミュニティーを形成、継続するためには、「公」がそのすべてを担わなくてはならないわけではなく、「民」の立場からも十分可能であることを思い知らされた。そして、この時に見た風景が学校公園化を考えた原風景であったかもしれない。そこには高い塀もなく、ごく普通に公園のような空間が街の一角に広がっており、その敷地の中に校舎をコンバージョン（用途変更）した宿泊・コミュニティー・レストラン等複合施設が佇んでいたのである。

公共施設マネジメントの世界において、施設のコンバージョンや官民連携という表現はよく使用されるが、どうしても画餅の域を超えられないのは、こうした具現化されたグランドデザインが描けていないからではないだろうか。住民と新たな公共の姿を議論するときに、総花的な言葉だけではなく、こうした絵を共有することがより大切であり、結果として実践につながる。

また、この事例の他にもポートランドの街並みでは、旧建物の外観や内装を残したかたちで多用途にコンバージョンした施設を数多く見ることができた。

ポートランドは大学の校舎が街中に点在していることから、いかにも大学のど真ん中をストリートカーが通過しているようにも見える、何とも不思議な光景もあった。日本でいえば、学校の校庭のど真ん中をストリートカーあるいはコミュニティーバスが通過しているようなものかもしれない。

この一見馬鹿げた想像を改めて真面目に考察すると、学校が地域コミュニティーや防災の拠点となるように図っていこうとするのであれば、必然的にそこには地域の人々が集まって来ることとなり、集まる手段としてコミュニティーバスも存在し、簡単なバスターミナルが設置されることが想像される。またそのバスターミナルは、公民館に代わる新たなコミュニティー空間としての機能化が図られ、災害時は防災の一時避難所としての機能を発揮することになるかもしれない。さらに、学校にある防災倉庫を敷地の片隅に置くのではなく、バスターミナルと併設して設置すれば、まさに防災拠点としての機能も兼ね備えることになるのである。

こうした想像をしてみると、公共施設マネジメントの視点から重要なことが見えてくる。施設を集約化・複合化するということは、建築的に1つの建物化するだけではなく、敷地（土地）という単位で多機能化・複合化することともいえるのではないだろうか。

例えていえば、比較的狭い敷地に巨大で高層化されたデパートのような建築物を建てて複合化することと、比較的ゆったりとした敷地にアウトレットのような平屋の建築群を形成し回遊性を持たせて複合化することの違いのように思うのである。集約化・複合化とひと口にいっても、地方自治体の地域性や風土によってそのつくり方はさまざまという個性の発揮につながっていけばよいのではないだろうか。最終的には、回遊性を持たせた空間をさらに進展させた姿が学校の公園化につながっていくのである。

私は公共施設マネジメントの最終目的は「まちづくり」だと考えている。その「まちづ

くり」を極端にわかりやすく表現すれば「人が動く」ということではないか。そして、「動く」ためには交通が必要なのである。こうしたことを総合的に考え合わせると、住民との間で公共施設マネジメントの発想に欠かすことのできないキーワードとして、「学校」「公園」「コミュニティー」「防災」「交通」の5つを挙げて次の時代に進んで行ってはどうだろうか。住民とのワークショップを考えても、この5つのキーワードは必ず住民目線においても理解しやすく納得のいくファクターではないだろうか。目指すはこれら5つのキーワードがバランスよく機能した社会であると考えている。　　　　　　　　　（池澤龍三）

開校当時のケネディースクール

現在のマックメナミンズケネディスクール

ポートランド大学の中を走るストリートカー

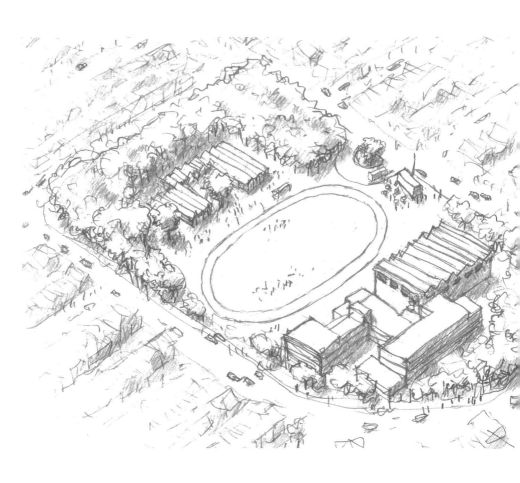

学校公園化(School in Garden)構想
従来の発想にとらわれず、公園の中に学校や図書館、コンビニを併設した公民館、美味しい地元のパン屋さん、コミュニティバスのターミナルなどがある新たな市民共有スペースを創造してはどうだろう。
コラム4「施設整備の核となる学校施設」(p.219)参照

6

実例で見る
公共施設マネジメント

6　実例で見る公共施設マネジメント

　本章では千葉県佐倉市において実施された公共施設マネジメントの事例から、その要点を整理する。
　佐倉市は公共施設マネジメントの先導自治体として、全国的に見ても早い時期に担当部署（資産管理経営室）を立ち上げ、数多くの斬新な公共施設整備を実施してきた。その一部を紹介するとともに、さまざまな視点からその要点を解説したい。

6.1　水泳授業を民間のスイミングスクールに委託する

　佐倉市で行われた個々の整備にはすべて最初にシナリオがあったわけではなく、走りながら事案を解決し、解決してはまた次の課題が降りかかってくるといった具合の繰り返しであった。ただし、公共施設マネジメントは、個々の案件が独立して成立しているのではなく、それぞれのアウトプットが関係しながら進んでいくものではないだろうか。あえていえば、そこに行政として脈絡のあるストーリー性があったほうがよい。ストーリーが描けるということは、そこにはポジティブな持続可能性があるということである。
　ここでは学校水泳授業を民間スイミングスクールに委託した主な経緯を紹介する。

(1) 3.11 がもたらした逼迫した状況

　学校における水泳授業を民間スイミングスクールに委託するに至った直接の原因は、2011 年 3 月 11 日に発生した東日本大震災にあった。東北各県のみならず関東圏内の各自治体も甚大な被害を受ける結果となった本地震の影響は凄まじく、ライフラインの 1 つでもある電気の供給については計画停電

を実施せざるを得ない状況を迎えていた。

　当時政府からは電気使用量のピーク時カット25％が示され、最終的には15％に落ち着いたが、いずれにしても官民の差を問わず各施設において節電は四の五の言っていられないほど逼迫した状態を迎えていた。

　佐倉市においても資産管理経営室のメンバーが中心となって計画が練られ、全庁の施設において節電が実施された。メンバーは数班に分かれ、毎日毎日、実直に各施設（現場）を回り、必要最低限まで照明器具の電球を外し、パソコン等の待機電力を減らし、挙句の果てには庁内にあるすべての冷蔵庫の配置・個数・消費電力までを調べ上げ、不要不急の冷蔵庫を使用しないよう再配置計画を策定し実行したのである。この結果、年間で約3,300万円の節電を達成した。

(2) 客観的なデータの分析と暫定対応

　この節電計画の中では学校も例外ではなかった。ただし、そもそも学校施設においては大規模な設備機器は有しておらず、15％の節電は無理だと考えられていた。

　そこで重要となるのがデータベースである。データは嘘をつかない。佐倉市では、全庁的に保全情報システムが導入されており、過去の光熱水費がデータベース化されている。このデータベースを改めて分析したところ、学校施設においては4月の光熱水費を1.0とした時に6〜8月の児童生徒があまりいない時期に1.3〜1.5になることがわかった。最初は非常に不思議であったが、教育委員会の学校体育主事に確認すると謎はすぐに解けた。原因は水泳授業である。水泳授業と聞いてピンとくるのは水道使用量（水道料金）であって、電気代には関係ないと思いがちであるが、ここが落とし穴であった。水を浄化するためには大きな循環ろ過ポンプ機が必要であり、この機械が消費するエネルギーが莫大だったのである。そこで実際にどれだけの電気エネルギーが使われているかを調べたところ（電力計をプール機械室の分電盤に取り

付け24時間の実測を行った)、なんと1カ月使用量の約16%にも達することが判明した。ちなみに、ここまで実測にこだわったのは、公共施設マネジメントの基本はデータで証明することであり、相手方との協議になった際に、客観的なデータに基づいて説明できるかがカギになるからである。余談であるが、とかく組織の中にあっては、感情のもつれが議論の進展を妨げているケースが多く見受けられる。

　この結果から、教育委員会と資産管理経営室連名で市内の全学校に急遽通知を出し、学校プール使用の期間を1週間程度短縮することをお願いした。簡単なことのようであるが、学校現場にとっては授業カリキュラムの変更をきたすこととなり、大変なご苦労を掛けることとなった。

　しかし、こうして何とか震災直後の節電対策は乗り切ったものの、抜本的な解決策にはなっていないのは明らかであった。地方自治体の中ではよく「持続可能な自治体経営」という言葉が使われるが、まさにこのプール期間を短くするだけの暫定的な対策では持続可能性に欠けるのである。

(3) 抜本的な解決策への模索

　そこで、公共施設マネジメントの原点に立ち返って整理することとした。すなわち、財務・品質・供給の3視点から学校プール施設というものを改めて考え直してみたのである。

　具体的には、市内にある34校の学校プールの老朽化について、築年数や教育委員会に寄せられている各学校からの苦情・要望、あるいはこれまでのプールにかかる修繕費等を確認した。客観的・現実的な品質の整理である。なお、この時も先の保全情報システムのデータが非常に役に立った。その結果、これまで1校たりともプール施設を更新(建て替え)した実績がないことから、ほとんどの施設が築30年を超えた状態にあり、老朽化が進んでいることは明らかであった。老朽化を感情論で整理するのではなく、あくまでも冷静に客観的な情報として整理することが重要なのである。

※傍注
- 公共施設マネジメントの基本はデータで証明すること
- LCCを把握することで財政面での充当可能性を確認する

次は、これらのデータを基にライフサイクルコスト（LCC）をはじくことであった。具体的には今後30年間、これまでと同程度の修繕や必要な最低限の大規模改修工事を実施した場合にかかる総費用のシミュレーションである。LCCをおおまかにでも把握することで、現実的な財政面での充当可能性を確認することができる。この計算に営繕部局の職員の支援があることにより精度も上がり、非常に心強いものとなる。ただし、技術系職員がいない公共団体にあっては、民間企業に見積を依頼することや、大まかな改修単価を用いることによってはじくことも可能と考えている。

官と民のコストを客観的に確認する

　また、このLCCのシミュレーションと同時に作業したのが、民間施設との差を確認することである。すなわち、仮に民間のスイミングスクールの施設を借り、専門のインストラクターに指導をお願いし、スイミングスクールまでの往復のバス輸送を行った場合のコストとの比較である。このコストをはじく狙いとしては、官と民でどれだけのコスト差があるかを客観的に確認することと、提供しているサービスにどのような差があるのかを知るためであった。特にサービス面での差は、次に記述する供給面での検討に活かすためであった。

財務・品質・供給の面からデータを把握・検討する

　供給面での検討とは何か。それはまず佐倉市においては、1校に必ず1プールが設置されているという事実の確認である。どんなに小さな学校でも、あるいは近距離に他の学校があっても共同利用はされていないという事実の把握である。次に、そのプールが1年間に実際に何日使用されているかという事実の確認である。当然、児童生徒数の把握も必要である。

　次に、前述した官民の差を把握する視点から、公立学校のプール以外に児童生徒が泳ぐことのできる民間のスイミングスクールの数の把握も行った。この民間施設の調査は、行政界は関係ないため、市内に限らず実質的に市内の学校からバスで通うことが可能と思われる施設すべてについて行った。

　これら財務、品質、供給の視点から最低限のデータを把握し検討した結果、このままの状態を続けた場合、老朽化はま

すます進行し、児童生徒の安全な学習環境を確保するという根本的な品質確保が困難になる可能性があること、またコスト的にはこのままプールを持ち続けた場合、大規模な予算措置が必要となり、民間スイミングスクールに委託するよりかえって財務的に高いものとなる可能性があること、さらには市内および周辺地区には民間スイミングスクール施設が比較的多いという状況の把握ができたのである。

(4) サービスの中身（機能）の検討

_{メリット、デメリットを整理する}

ただし、上記のことはいわゆるハード面での検討に過ぎない。水泳授業はあくまでも教育の一環であり、水泳指導なのである。すなわち、仮に民間スミングスクールに委託するとしても、ソフト面としての教育的効果を検討する必要が絶対にあるのである。機能の検討である。

そこで教育委員会の指導主事の先生方を中心に意見を求めることとした。さまざまな意見が出され、一見デメリットばかりが耳に入ってくる打ち合わせのようにも感じられたが、冷静に文字に置き換えてみると案外メリットのほうが多く、デメリットは少ないことがわかってきた。主なメリット、デメリットを整理すると以下のとおりである。

[メリット]
・専門指導者による効果的指導
・レベルごとの指導者配置
・併せて、教職員による監視も確保・高い安全管理が可能
・水温が一定
・児童生徒の体調維持の確保
・水質が一定（塩素濃度）
・高い衛生管理
・天候に左右されない安定したカリキュラム
　（天候・光化学スモッグ・温度）
・騒音の心配がない

（住宅地などでは児童生徒の歓声は苦情扱いされる場合も
　　ある）
　・プライバシーの保護
　　（屋外プールの場合、外部からの目線がある）
　・学校職員によるプール維持管理不要
　　（本来業務に集中可能）
　・プール跡地の有効利用
　　（校舎改築時の仮設ヤードや第２グラウンド等）

［デメリット］
　・児童生徒の移動を要する（バスによる移動は可能）
　・夏休み中の利用（一般開放含む）ができない
　・消防、災害時水利の課題
　　（別途防火水槽等による確保は可能）
　・中学校の部活利用が難しくなる
　　（別途施設を借りることによる確保は可能）

（5）立ちはだかる前例踏襲の壁

　このソフト面からの検討も行った結果、水泳授業を民間スイミングスクールに委託するという行為は、児童生徒の泳力を向上させるという本質的な教育効果を決して否定するものではないということは理解された。

　しかし、お役所というところはなかなか難しいところがあり、「○○しなければならない。○○することも可能である」と明確に書かれていない場合、あえて新しいことに挑戦する風土を持ち得ない。もし前例にないことをやって苦情を受けるようなことがほんの少しでも発生し、いろいろな意味で減点対象となってしまっては元も子もないからである。

（6）複眼的思考からの発想の転換

　こうして、ソフト面およびハード面の双方から検討し、市民にとって十分な利があるとなったとしても、その利のある

方向に向かって庁内の全体意思が動き出すかといえば、残念ながらそう簡単にはいかないのである。

ではこの場合、どうしたか。それは、一見関係ないように見える他の庁内の動き（事業）と連携させたのである。

ちょうどこの頃、庁内では営繕部局が教育委員会からの依頼を受けた、学校の耐震改修工事が最盛期を迎えていた。とにかく平成27（2015）年度末までに耐震改修工事を終わらせなければならず、営繕部局も教育委員会も必死の状況であった。

そうした中、2つの小学校で問題が発生した。

その1つの小学校では、狭い敷地の中にある校舎のほぼすべての棟の耐震改修工事を実施しなければならず、施工計画に当たり工事ヤードが十分取れないばかりでなく、そもそも児童の安全通路の確保が難しい状況に陥っていた。

またもう1つの小学校では、耐震対策のため体育館（屋内運動場）を建て替えなくてはならないのだが、やはり学校敷地が狭く、現在の体育館の位置に建て替える以外に方法はなく、その場合現在の体育館は解体しなくてはならないので、児童は約1年半、屋内運動場を使用することができなくなってしまうのである。ところが、その小学校は市内でも1、2を争うマンモス校であったため、1年半にもわたって屋内運動ができないなどということは学校授業そのものができないに等しかった。学校と協議をしても、そこはなかなかご理解いただくのが難しい状況であった。

この問題の解決策として、営繕部局を包含する組織である資産管理経営室は教育委員会に対し、プールを撤去してその大きな跡地を有効活用することを提案したのである。具体的には、最初の小学校においては、その土地を活用して工事ヤードを設置し、工事中の児童の安全確保を行う。工事完了後は児童のオープンスペースとして、あるいはもともと狭小な敷地で十分な来校者用の駐車スペースが少なく危険であったことから、そうしたスペースとして活用することとした。

一見関係ないと思われる提案をタイミングよく組み合わせることによって、新たな創造を図る

またもう1つの小学校においては、そのプールを撤去した土地に体育館（屋内運動場）を建て替え、工事終了後は既存の体育館を撤去し、児童の第2グランドとして活用する方針としたのである。
　もちろん、この両提案の事業スキームを成立させるためには、現在のプールを廃止した後の水泳授業の代替方策の提案が必要となる。そこで行ったのが前述した民間スミングスクールへのアウトソーシングの提案である。この一見関係ないと思われる提案を、タイミングを見て組み合わせることにより、新たな創造を図ったのである。つまり、児童生徒の安全確保のために喫緊に対応しなければならない耐震改修工事や建て替え工事を速やかに実行させるとともに、プール授業における児童生徒の泳力をより向上させるための教育サービスへの転換を図りつつ、既存プールの老朽問題（建て替え問題）を解決させる方針を導いたのである。

（7）庁内オーソライズ過程からの突破口

　ここまで計画として進展しても、事業化に向けては全庁的なオーソライズが必要となる。具体的には個々の公共団体によって差異があると思うが、一般的には大きな案件になればなるほど、総合計画に基づく実施計画への事前の位置付けや、庁内の最高意思決定機関である政策調整会議等への付議等を行う必要がある。実際、この事例の場合も急遽の展開であったため、民間のスミングスクールへのアウトソーシングに関しては事前の実施計画への位置付けはなく、庁内的なオーソライズもされていなかった。
　一般的に公共施設マネジメント全般についていえることであるが、これだけ社会経済情勢の変化が激しい時に、すべてを事前に予知し計画立てておくことは現実的に不可能といえる。かといって、目の前のグッドタイミングをあえて見過ごして前例踏襲で事業を進めることは、最少の経費で最大の効果を上げようとする地方自治法の精神に背く行為ともいえる。

> 目の前のグッドタイミングを見過ごして前例踏襲で事業を進めることは、「最少の経費で最大の効果を上げる」地方自治法の精神に背く行為

<aside>公共マネジメントの遂行上、組織の枠を超えて信頼できる人財を庁内に求めておくことは必要条件</aside>

　こうした現実的なジレンマの中で相談したのが企画政策部局であった。そこでの指摘は非常に明確であった。上記の計画を進めるにあたっての最大のネックは、タイミングよくできる今回提案の2校は良いとしても、市内の他の32校についての全体計画はどうなっているかということであった。つまり、個別具体の案件についての合理的な説明は果たせたとしても、総論として市内34校のプールの再配置計画をつくらなければ、全庁的には前に進めない可能性が高いという指摘であった。34校の計画を作成するということは、毎年1校整備を行ったとしても34年間にわたる計画を作成することを示す。これは時間的にも予算計画上も不可能に近いといえる。しかし企画政策部局は否定的ではなかった。こちらがあきらめかけていたところに企画政策部局からあるサジェスチョンがあった。それは、建築面（ハード面）からのプールの再配置計画論を脱し、プール授業のあり方論、すなわち、教職員による学校プールのみを使用した水泳授業しかできないと考える今のあり方を、その他の方法、例えば専門職スタッフによる学校以外のプール施設を活用した水泳授業もあり得るという考え方に変えようというものであった。まさに前述した検討の仕組みであった。その仕組みを加えることによって大きく物事は動いたのである。まさに突破口であった。

　余談であるが、公共施設マネジメントに関する新たな提案がある場合、真っ先に企画政策部局の意見を確認することを心掛けていた。なぜなら全庁的な動向（トレンド）、財政面の見通し、市および議会の方向性等を冷静に判断し意見を出してもらえる部局だったからである。そこから受ける第一印象や直観を公共施設マネジメントの遂行上非常に大切にしていた。各公共団体においてもこうした関係性を築くことが大変重要だと感じる。それは属人的であり汎用性に乏しいと受け取られやすいが、組織の枠を超えて信頼できる人財を庁内に求めておくことは否定されるものでなく、非常に重要な必要条件である。

(8) 教育委員会の協力

> 多くの主管課の部署が主役となって動くことで公共マネジメントは持続可能になる

次のステップとして、このようにして進み始めたストーリーを、具体的にどのような事務執行の中に落とし込むかが大変大きな課題となる場合がある。露骨な言い方をすれば、新たな挑戦に対する起案文書などは、誰も進んで書きたくはないのである。それは前述した減点評価の仕組みが組織の根本にあるからである。

しかしこの事例では、耐震改修工事や建て替え工事という児童生徒の命に関わる事業を強力に推進する必要性について、内部協議を重ねていた教育委員会から積極的な協力が得られたことが非常に大きな結果を生むこととなった。

教育委員会が学校水泳授業のあり方に関する決裁文書を起こし、民間スイミングスクールへのアウトソーシングを可能とする仕組みをつくり上げたのである。なお、ハード面での整理であるライフサイクルコストの比較分析については、その起案文書の参考資料として活用されている。すなわち、行政上の事務手続きにおいて、公共施設マネジメントは、資産管理経営系の部署だけが起案を起こし実行するのではなく、逆に多くの主管課の部署が主役となって動いていくことのほうが、持続可能という意味では効果的であると考えさせられる大きな事例であった。

(9) 保護者への説明責任

> 説明の順番を間違えると説明を受ける側は疑心暗鬼になる

最後に忘れてはならない事項として、保護者への説明責任がある。もちろん、保護者への説明に先立って各学校長への説明および理解を得ることは当然である。

現代社会においては、住民との接点を持たないで計画を推し進めることはできない。今回取り上げた２校についてもそれぞれ保護者に対し説明会を実施した。行政として何故このような提案を行うに至ったのか、今後サービスが具体的にどう変わるのか、解決策として案を複数提示し、それぞれの案のコスト比較を含めたメリット、デメリットの説明を行い、ア

ンケート調査を実施した。そのアンケート調査の結果、約75％の保護者の合意を得て実施に移ったのである。

　ここで最も大事なことは、耐震改修工事や建て替え工事を行わなくてはならないから、あるいはプールが老朽化していて、それを建て替えるお金がないから、既存のプールを解体し、その代替措置として仕方なくプール授業を民間スイミングスクールに委託する、というような説明を保護者にするのではなく、耐震改修工事や建て替え工事のために既存のプールを解体してその土地を活用するとしても、それとは別の次元として保護者が最も知りたいであろうこととして、今後の水泳授業において泳力を向上させるために、具体的にどのようにサービス形態を変えるのかをしっかり説明し、その根拠として老朽化やライフサイクルコストの算出等についても説明を加えるというように、説明の順番を間違えなかったことである。ネガティブな状況を打破するために児童生徒に犠牲を強いるのではなく、児童生徒の将来のためにどのようにサービスの中身をポジティブに変えていくのかを最初に説明したのである。

　説明会において同じ内容を伝えたとしても、話す順番を間違えると説明を受ける側は疑心暗鬼となってしまい、かえって問題を複雑化してしまう場合があるように思う。伝えたいのは建物のあり方ではなく、サービス提供（機能）のあり方のはずである。

6.2　できる公共施設整備から展開する

　ここでは佐倉市で実際に実施してきた事例を紹介する。なお、すでに紹介されている事例も一部あるが、できることから順に実施し、成果を挙げることの重要性を認識していただくためにも時系列でその経緯を示す。

CASE 1　インハウスエスコ事業の導入
平成20（2008）年4月〜

　これまで施設については、庁内においても議会においても、建設時にかかる経費であるイニシャルコストの多寡のみが議論されてきた。しかしながら、実際には建設された後の光熱水費等、維持管理にかかる経費であるランニングコストのほうが大きく、一般的にはイニシャルコストの3、4倍かかるとされている。重要なのは両方のコストを合計した生涯に掛かる経費全体（ライフサイクルコスト）を最適化させることにある。

　最適化を進めるためには、イニシャルコストとランニングコストのデータベースが必要であり、これを用いて過年度比較分析や、他の同類施設との比較分析により（ベンチマーキング）、不具合個所を発見し改善していく必要がある。こうした職員の手による維持管理コストの改善活動をインハウスエスコ事業と呼ぶ。施設を適正に維持管理するとは、こうした地味な作業の連続であることを認識する必要がある。

　ひとつの事例は、市内の学校施設の水道料金を比較し、料金が突出している学校についてその原因を究明し改善を実施した。その結果、初年度単年度において約1,300万円の削減効果を生んだ。水道料金が突出していた主な原因は、男子小便器の洗浄器であるハイタンクへの給水量が過大になっており、大量の洗浄水が流れるような仕組みになっていたことであった。

　また次の事例は、東日本大震災を契機にした節電対策である。照明器具のLED化・電球の間引き点灯・時間的制限・待機電力の削減・基本料金の見直し等を行った結果、初年度単年度において約3,300万円の削減効果を生んでいる。

　これらの事例の最大のポイントは、原因を確認するため実際に現場に足を運び、流しっぱなしになっている男子小便器の洗浄方式を発見したり、出先の施設に一つひとつ出掛けて行き、現実的な改善を実施したことにある。インハウスエス

コ事業の実施は、毎年毎年のコスト削減という実益を生むだけではなく、日々の施設点検業務の重要性について認識を新たにする絶好の機会でもある。なお、ここで削減されたコストを施設修繕等のインセンティブ予算として活用することができれば、さらなる波及効果を生むこととなり、有効である。

CASE 2　公園（広場）を活用した保育園改築事業
　　　　　　　平成20（2008）年10月〜

> 公共施設マネジメントの推進には複数の部署を結びつけるプロデュース力が必要

　公共施設マネジメントにおいては建物のコンバージョン（用途変更）や複合化等が注目を浴びる傾向にあるが、その建物が建っている土地そのものを有効活用する視点も重要である。

　ここでの事例は、老朽化した保育園の改築（新築）事業の際に、仮設園舎の建設を行わず、また工事期間中における保育サービスを継続させたまま事業を実施させるという手法である。具体的には、その保育園に近接した公園（広場）に保

小学校上下水道料金の比較

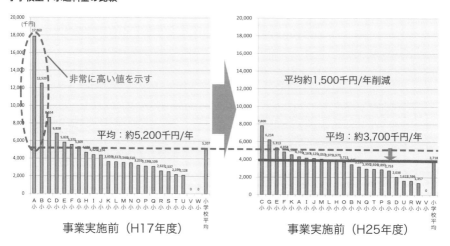

図6-1　インハウスエスコ事業の成果

育園を改築し、子供たちを新園舎に移動させた後に、旧保育園を解体し敷地を更地に戻し公園（広場）とした。すなわち、市が所有する土地（資産）を有効活用するため、公園（広場）という都市部財産と保育園という福祉部財産の交換を行ったことになる。なお、当該公園（広場）は市街化調整区域にあり、都市計画決定はされていなかった。

　これは文章にするとわずか数行のストーリーであるが、行政の内部において、A部長が所管している行政財産と、B部長が所管している行政財産とを全庁的な視点から交換しようという動きが通常あるだろうか。絶対にないとはいわないが、ほとんどあり得ないであろう。それは、そうした考えを発言する部署や人材が存在しないからである。今後、公共施設マネジメントの推進に当たっては、こうした複数の部署を結びつけるプロデュース力が必要である。

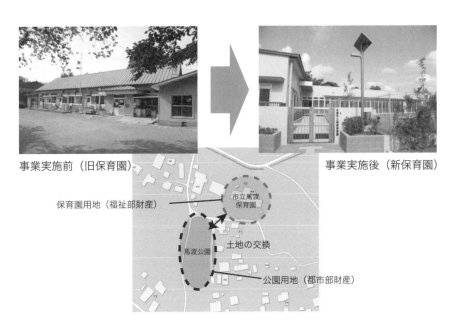

図 6-2　公園（広場）を活用した保育園改築事業の成果

またこの事例は、公共施設等総合管理計画において、建物、道路・上下水道等のインフラ設備の他、公園も資産として検討対象に含まれていることの有用性を明らかにしたものといえる。

CASE 3　公民館の熱源改修ESCO事業
平成21(2009)年9月～

ESCO事業とは、省エネルギー改修にかかる経費を光熱水費等の削減分でまかなう事業のことをいい、Energy Service Company事業の略である。

簡単な例として、自宅の古くなったエアコンを最新の省エネ型のエアコンに交換すれば、電気代は安く済むが、この安くなるであろう電気代を担保に、先にESCO事業者が最新型のエアコンに改修するという仕組みの事業である。

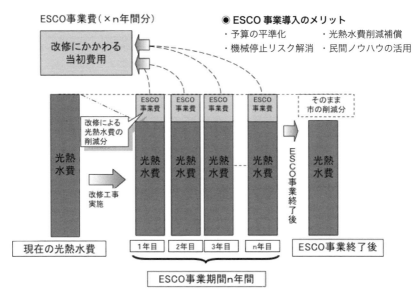

図6-3　公民館熱源改修ESCO事業の成果

ESCO事業の採用により、自治体としては、新たな歳出の負担額が軽減されるとともに、改修しないままで使用を続けた場合に想定される突然の空調機故障等に対するサービスリスクを回避することができる。

ESCO事業の場合、民間企業からさまざまな省エネ改修メニューが提示され、通常の自治体内だけで改修工事を行う場合に比べて総合的な省エネ改修工事となる可能性が高い。さらに、事業期間内は、事業者からはエネルギー削減率の実績が業務上継続的に報告されることから、実データを見ながら改修工事の効果を発注者として認識できるというメリットがある。逆にいえば、自治体内部での改修工事の場合はこのような仕組みはない。所管課（予算課）から工事を依頼された営繕部局を通して、工事完了後数年間にわたり改修工事の実効果について数字を以てフォローを受けるというようなことはないということである。

CASE 4 消防署の減築耐震改修事業
平成22（2010）年7月〜

全国の自治体で策定されている公共施設等総合管理計画において、よく使われる言葉に「資産の有効活用」がある。

例えば、耐震性がなく老朽化した施設は通常改築されるか、耐震補強工事のみが行われることが多い。それが前例として最もスタンダードなやり方であり、従って予算交渉も無難に進むことになる。しかし、これまで築き上げてきた市有資産をできる限り有効活用するとはどういうことであろうか。それを具現化することを目的に実施された事例がある。

旧耐震基準で建設され老朽化した消防署（1974年建設、鉄筋コンクリート造3階建て、延床面積約1,460㎡）の耐震改修事業において、不要となった3階部分を解体（減築）することにより上層部軀体の自重を減らす耐震改修手法が採用された。減築により耐震補強する部位を減らすことができ、結果として工事費の削減が可能となった。改築する事業費に比

べておよそ3億円程度の削減が達成できたのである。

またこの場合、工事費の削減だけではなく、建設廃材の排出量を減らすという環境配慮における利点や、工事期間の短縮というメリットもあり、それらを総合的に配慮してこの手法が採用された。

ここでの資産の有効活用とは、過去に築かれたコンクリート造の建物の3分の2の軀体は残し（有効活用）、将来世代にとって不要な床面積（3分の1）はダウンサイジングし、現代の建築技術をもってリニューアルを施し、次世代に有効な資産として先輩の資産を引き継いだということである。

なお、同様の減築手法を大規模に採用し本庁舎建物において長寿命化工事を実施している自治体として青森県があり、平成28（2016）年度より県庁舎の減築・改修工事が開始されている。

事業実施前（旧消防署）

事業実施後（新消防署）

事業実施中（施工中の様子）

図6-4　消防署の減築耐震改修事業の成果

CASE 5　保育園改築に絡む面整備事業
平成22(2010)年9月〜

　公共施設マネジメントは一施設の再編計画にとどまらず、広く面整備に発展する場合がある。

　ここでは、旧耐震基準で建てられ老朽化が進んだ、[CASE 2] とはまた違った保育園の改築事業に絡み、調整が必要となった周辺の他の公共施設の再編実施まで並行して行い、結果として大きな面整備に至った事例を紹介する。

　まず、保育園の改築に当たっては、前述した事例と同様、工事期間中も仮設園舎を建設することなく保育行政を続けていくため、自治体で持っている隣接の土地（公民館駐車場という教育財産としての行政財産）と保育園の土地（保育園用地という福祉財産としての行政財産）を交換し、本設の保育園を北側の公民館駐車場側に建設する計画とした。新園舎が完成し子供たちが移動した後、既存園舎を解体して完了させるという方法である。

　ここまでは前述の事例と同様であるが、本事例の場合、そう簡単なストーリーとはいかなかった。

　というのは、既存保育園の敷地はもともと狭い上、歪な形状をしていたため、園庭が狭い状況にあった。従って、旧園舎があった土地に新たに成形した園庭を取り直すと、新保育園建設のためにつぶした駐車場相当分が確保できなくなってしまう。自治体内ではこうした案件の場合、もともと関係のない所管課に迷惑が及ぶ行為は基本的に受け入れられない。やはりそこには全体最適（市全体としての最適化）ではなく個別最適（各所管課ごとの理想とする最適化）が存在するからである。

　そこで新たに浮上するのが、さらに隣接した他の公共施設の存在である。この場合、文化財センターという埋蔵文化財の保管・分析・展示等を行う機能の建物群が保育園に隣接してあった。そこで検討されたのは、文化財センターの機能を他に移し、敷地を駐車場に変えようというものであった。当

然、先ほどの理由同様、保育園改築にまったく関係のないセンター側からは反対の意向が示された。もちろん、新たな建物を他に建設し移動してもらうなら話は別であろうが。そこで検討したのが、もともと文化財センターの立地は市民一般向けに展示を行うにしては奥まった場所にあり、適地とはいえない立地状態であったことである。また、建物群が敷地ぎりぎりに密集して建っていたため、道路交差点付近では窮屈な視界状況を露呈していた。これらの機能改善を行うためにも、大通りに面した敷地への移転の提案をした。そこでは新たな建物を建てるのではなく、今ある民間の施設を借りるというものであった。もともとは大型電気量販店であったその建物は、空き店舗となっていた。建物の構造は新耐震基準であり、まだ老朽化もしておらず、元量販店であったので駐車場もあり、ましてや県道沿いに面した目立つ立地であった。自治体としては、街並み自体にこうした大型の空き店舗がそのまま放置されている状態は寂しい状況でもあった。そこで建物のオーナーと交渉の結果、賃貸借契約を結ぶことができ、文化

地区全体としての利用調整（横串）の事例

図6-5　保育園改築に絡む面整備事業

財センターという建物を保有することなく、中身の機能を移転させることができたのである。

　余談であるが、その移転した文化財センターの展示室には小さなガラス窓が開いており、発掘された文化財がどのように分析されるか作業状況が一望できるようになっている。この一望できるというのは、もともとは大型の電化製品の売り場であったことから天井のLED照明に照らされた大空間が広がっており、そこで作業しているすべての人を見渡せるからこそできる技であった。まさにそのように見せるように設計されたかのようであり、絶妙である。

　このようにして文化財センターは他に機能移転し、既存の建物は解体され駐車場として整備されることとなった。交差点の視界も開け、道路行政上の安全対策としての効果もあったと考えられる。

　さらに、本事例において改築された保育園は、自治体により建設されたのではなく、民間からの賃貸借方式（リース方式）により建設され、10年間リースで10年後は無償で自治体が引き取る。

　リース方式を採用した理由は、急ピッチで事業を進捗させ子供たちをより早く安全な園舎に移動させたいという事情や、総事業費の圧縮等々、さまざまな要因があったが、公共施設マネジメントの視点から重要な選択理由の1つは、これまでのように起債をして一定の財源を用意し、地下に十数メートルの杭を打ち込み、鉄筋コンクリート造の剛の建物を建設するという手法を採用しなかったというところにある。いったん剛の建物を建設すると、どのように時代が変わっても間違いなくその建物は60数年その土地に存在し続けることとなるからである。

CASE 6　施設維持保全マニュアルの作成
　　　　　平成22（2010）年12月～

　公共施設マネジメントには、大きく分けて「量」と「質」の2つの適正管理の視点がある。その「量」の管理については長い時間をかけて徐々に総量縮減に取り組む必要がある。

　一方、「質」の管理については、今この瞬間から毎日毎日取り組まなければならない事項である。そのためには、内容がわかりやすく、点検項目のメリハリ（より専門的な点検は建築基準法上の12条点検等で補うなど）が必要となる。

　特に、建設後30年以上が経過した施設が全体の約4割を占める状況となってきた自治体においては、施設管理者による日常的な施設点検はますます重要度を増している。しかし、建築の専門用語があふれた点検マニュアル本では、実際にはほとんど効果は上がらない。

　そこで、ここでの事例は、技術的知識をほとんど持たない事務系職員に効果的に点検を実施してもらうために、特に安全面に関わる事項に重点を置いて整理した施設維持保全マニュアルを作成した事例である。[図6-6]

　最も重要なポイントは、その点検結果が最終的に改修工事の予算にどのように反映されていくかということである。従って、点検結果が予算要求資料の一部としてデータベース化されていく仕組みを構築するなどの工夫が必要となる。なお、マニュアルに従った点検をより実効性のあるものとするためには、庁内での定期的かつ継続的な説明会や映像による説明等が重要となってくる。

CASE 7　志津公民館等複合化事業
　　　　　平成24（2012）年4月～

　施設の集約化・複合化を図る際のひとつの手法として、施設だけの「点」で考えるのではなく、施設を含めた周辺を「面」として考える方法がある。それがエリアマネジメントの発想である。

その際大事なことは、各施設で提供されている実際的なサービスの中身を把握することである。その上で、それらのサービスが今後どのように展開されればより価値が上がるかを考え、そのあとにその機能化されたサービスを提供するのに最もふさわしい場所や施設規模、整備手法は何か等について検討を進めていくのである。

　こうした検討に当たっては、大学の高度なノウハウを共同研究というかたちなどで共有することは新たな発見にもつながり、効果が高いものとなる。また市域を超えた近隣の自治体とのサービスの連携も念頭においておくべきであろう。

　ここでの事例は、旧耐震基準で建設され老朽化した公民館（1973年建設、鉄筋コンクリート造3階建て、延床面積約850㎡）の改築事業の際に、周辺公共施設の老朽度・利用状

> 大学の高度なノウハウを共同研究として共有することは新たな発見につながる

図6-6　施設維持保全マニュアルの作成の成果

況等の調査を実施し、駅周辺に点在する公共施設の複合化によるによる再整備を実現したものである。

　ここで特筆すべき公共施設マネジメント上のポイントは、公民館改築事業は教育委員会所管の事業であるにも関わらず、その移転先が公民館からほど近いところにあった市民課出張所であった点にある。このことは共同研究を行っていた大学側の提案が発端になった。教育委員会所管の案件解決策として、現状運営されている他の施設を壊して、その土地に複合館を建てるなどという発想は、庁内にはそもそも存在しない。ましてや市民課出張所は、教育委員会ではなく市長部局の管轄なのである。まさに、全庁横串化を念頭に、市民にとっての全体最適化を図ろうとした大学からの提案がなければ達成できなかった案件といえるであろう。

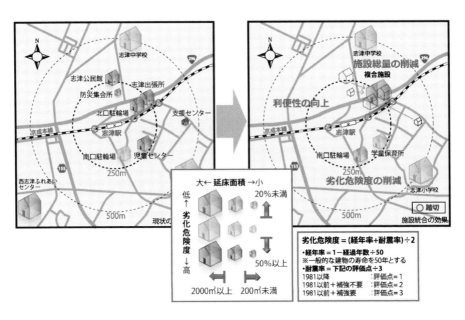

図6-7　志津公民館等複合化事業の成果

6.3　入口戦略と出口戦略の視点から見る

　　　　　公共施設マネジメントを推進するためには、施設整備を実現するための設計や施工の手続きなどだけでなく、施設白書の作成やデータベース整備のように、施設マネジメントを達成するための環境整備としての作業も重要になる。そこで前述した7つの事例における公共施設マネジメントの推進体制を中心に、大きく「管理体制」と「実施体制」の視点から整理する。
　「管理体制」とは、先の施設白書の作成等公共施設マネジメントを推進する各種管理上の体制であり、「実施体制」とは一定の成果に結びつけるための具体的な各種方策や体制を示す。なお「管理体制」と「実施体制」を公共施設マネジメントにおける戦略に言い換えるならば、前者は入口戦略であり、後者は出口戦略になろう。**[表6-1]**

(1) 管理体制（入口戦略）の状況
　公共施設マネジメントを推進する管理体制を、情報管理、組織執行管理、財務管理の3つの面から検討する。

❶ 情報管理体制の段階
　公共施設マネジメントで取り扱う情報は、各公共建築物の延床面積・構造・規模・建築年・耐震性・消費エネルギー・工事履歴・利用率等、多種多様な分野にわたる。情報管理の実作業や事務処理の方法、組織体系等を考慮した地方自治体における情報管理体制は、**[表6-2]** のように3段階の推進体制に分類することが可能である。
　例えば、佐倉市においては、一般財団法人建築保全センターが全国の地方自治体に提供している保全マネジメントシステム（BIMMS）が全庁的に導入されており、基本的には全公共施設について、（ⅰ）建物基本情報、（ⅱ）エネルギー使用量（光熱水費）、（ⅲ）工事履歴、（ⅳ）不具合情報のデータベ

ース化が構築されている。また、市民に対して施設白書等による情報公表が行われている。そのため佐倉市の情報管理体制は、第3段階にあると判断される。

❷ 組織執行管理の段階

　公共施設マネジメントの推進において、自治体内部における意志決定の手順が全庁横断的な仕組みとして構築されているかどうかは、全体最適の視点から非常に重要な課題である。

　公共施設マネジメントの推進体制上、全庁横断的な判断を必要とする施設規模の設定や施設用途の配分、あるいは政策上の重要性の判断等については自治体ごとに異なるが、その組織執行体制は、**[表6-3]** のように3段階の体制に分類することが可能である。

　例えば、佐倉市は平成21（2009）年4月に、それまで主に土地や普通財産を管理していた総務部管財課、公共施設の新築・改修工事等に係る設計・工事を担当していた営繕課、公共施設マネジメントのデータベース化を担当する建築指導課（指導班）の3組織が、公共施設マネジメントを担当する課（資産管理経営室）として1つの組織に再編成された。

　当該組織は、事業ごとにではあるが、庁内政策決定機関である政策調整会議へ公共施設マネジメントに関する提案等を付議する。さらに全庁横断的な審議の上、パブリックコメント等も実施した上で公共施設マネジメントを実行していくという意志決定ルールが執られている。そのため佐倉市の組織執行管理は、第2段階にあると判断される。

❸ 財務管理体制の段階

　公共施設マネジメントの実務において、施設の更新や持続可能な維持管理を実現する財務上の管理体制、すなわち予算の確保体制が全庁横断的な仕組みとして構築されている必要がある。

　組織執行管理体制と同様、どこまでの規模の施設や政策を

全体	戦略性	定義／キーワードの事例
推進体制	管理体制 （入口戦略）	公共施設マネジメントを推進するに当たっての各種管理上の体制 ／施設白書作成、データベース整備等
	実施体制 （出口戦略）	一定の成果に結びつけるための具体的な各種方策や行動 ／施設再編計画等

表 6-1　施設マネジメントの管理体制と実施体制

情報管理	管理状態
第 1 段階	基本的に各所管部署ごとに紙ベースや一部電子媒体を使って管理されている （例）小・中学校は教育委員会において学校施設台帳として紙ベースで管理され、保育所は児童課においてエクセルデータで管理されているなど また、大規模改修工事など一部については、営繕部局において、工事の製本図、CAD 図面管理などを行っているなど
第 2 段階	いくつかの所管部署のデータが一元的にデータベース化され管理されている （例）小・中学校や公営住宅を除く市有施設についてデータベースで管理されているなど また、大規模改修工事以外についても、いくつかの所管部署については製本図、CAD 図面管理を行っているなど
第 3 段階	原則すべての（狭小な施設等を除く）所管部署のデータが一元的にデータベース化され、管理されている （例）すべての市有施設についてデータベースで管理されているなど また、基本的に全ての施設の製本図、ＣＡＤ図面を管理しているなど （ただし、１つのシステムで管理していなくても良いものとする）

表 6-2　情報管理体制における各段階

組織執行	管理状態
第 1 段階	基本的には各所管部署ごとに意思決定され、政策調整会議等（庁内政策決定機関）に諮られている （例）小・中学校の統廃合計画等については教育委員会において意思決定されているなど また、営繕部署は、基本的に所管課からの依頼に基づき事業の執行（設計、工事等）を行うなど
第 2 段階	複合施設等個別事業に応じて、全庁的な視点から意思決定される仕組みが執られている （例）図書館の新築事業にあわせて、老朽化している周辺の公共施設を複合化させるなど 個別事案ごとに不定期に決定されているなど また、個別の事案については、営繕部署から意見を出す仕組み（プロジェクト委員として参加など）があるなど
第 3 段階	原則すべての（狭小な施設等を除く）所管部署について全庁的な視点から判断される仕組みや全庁横断的な組織が設置されている （例）財産利活用会議において客観的に判断される仕組みや全庁横断的な組織として資産経営室が設置されているなど また、営繕部局（を含む組織）が、計画当初よりプロジェクトに参加し、または自らが事務局として意志決定に伴うメニュー出しを行うなど

表 6-3　組織執行体制における各段階

管理の対象とするかは地方自治体ごとに異なるものの、その財務管理体制は、**[表6-4]** のような3段階の推進体制に分類することが可能である。

例えば佐倉市では、次年度に一定金額以上の大規模事業を計画したい所管部署（予算要求部署）が事前に公共施設マネジメント担当課と合理的な手法や大まかな優先順位について、事前協議を行なわなければならないというルールがとられている。しかし予算書自体は各部署で作成されており、全庁を通しての財務的な執行・管理までは実現していない。そのため佐倉市の財務管理体制は、**[表6-4]** における第1段階にあると判断される。

財務管理	管理状態
第1段階	基本的には各所管部署ごと（部配分）により要求・執行・管理され、財務部署において調整（査定）やとりまとめ等が行われている （例）予算要求を行ったのち、一定の査定作業が行われた上で、基本的には各所管部署ごとに執行・管理されているなど 工事等の予算はほぼすべて所管課が持ち、営繕部署等は、依頼文書により工事の執行・現場管理・引き渡し等を行うなど
第2段階	各所管部署からの要求を全庁的な視点から専門部署との連携の上、優先順位を定めた予算査定により執行・管理されている （例）すべての施設ではないが、基本的には財政部局への予算要求に先立ち、財産管理（調整）部局での事前査定が行われる仕組みになっているなど また、大規模な工事等、一部の予算については、営繕部署等が一括して計画・執行管理しているなど
第3段階	全庁横断的な視点から財務戦略、各事業スキーム、投資スキームチェック、債務返済等が行われている （例）公会計の整備や、各事業の補助金精査、ストックとフローに着目した資産（金）活用を行っているなど また、改修工事等予算は基本的に営繕部局等が予算を一括で計画・執行管理しているなど

表6-4　財務管理体制における各段階

視点	適正化	キーワードの事例
量	総量管理	総量縮減、複合化、集約化、用途変更、再配置計画等
質	施設管理	中・長期保全計画、計画（予防）保全、長寿命化等

表6-5　量（総量管理）と質（施設管理）

(2) 実施体制（出口戦略）の状況

　公共施設マネジメントは、自治体における今後の持続可能な施設のあり方を検討し、量（供給）と質（品質）の両面から再編成する取り組みである。そのため広範な行政サービスの提供を視野に推進体制を構築するとともに、個々の事業ごとにおいては計画から実行という進捗状況に沿った段階的推進体制を必要とする。

　そこで公共施設マネジメントの実施体制の全体像を、❶量と質、❷計画と実行の視点からとらえ直してみることとする。

❶ 量（総量管理）と質（施設管理）の視点

　多くの地方自治体においては、持続可能な自治体経営のために、現実的に保有すべき公共施設の総量を見極め、適正化させざるを得ない状況に迫られている。

　これが公共施設マネジメントにおける「総量縮減」や「施設の複合化」等のキーワードに見られる「量」の適正化という視点である。

　一方、日々老朽化して行く施設を、日常点検や定期点検等を通じて安全かつ適正に維持・管理するだけではなく、社会経済情勢の変化や住民ニーズに的確に対応させざるを得ない状況にもある。

　これが公共施設マネジメントにおける「中・長期保全計画」や「計画（予防）保全」等のキーワードに見られる「質」の適正化という視点である。**[表6-5]**

❷ 計画と実行の視点

　公共施設マネジメントを推進するにあたり、実務上いきなり実行に移されることはなく、その前段での計画策定が不可欠である。また自治体には各部署で作成した多種多様な計画や上位計画と呼ばれる指針が存在し、それらとの整合性も求められる。

　これら実務上の作業は、基本方針段階、実施計画段階、個

別実行段階の3段階に分けて整理することができる**[表6-6]**。

そして、この各段階の内容をもう少し実務的に理解するために、全国の多くの自治体で使われている各種方針等の表現にあわせて整理すると**[表6-7]**のようになる。

本表においては、よりわかりやすくするために、前述した「量（総量管理面）」と「質（施設管理面）」という2つの視点に分けて整理している。

また、公共施設マネジメントを推進するためには、現実的にはこれらの段階を並行的かつ総合的に思考しながら進めて

段階	内容
基本方針 （位置付け）	公共施設マネジメントに関する自治体としての基本的な取り組み方針、位置付けを示す
実施計画 （方法手法）	基本方針に基づく実施施策上の個別計画の方法・手法を示す
実行 （具体的行為）	実施計画に基づく具体的な事業（行為）を示す

表6-6 推進体制におけるPDCAサイクル

	量（総量管理面）	質（施設管理面）
基本方針	公共施設マネジメントに関する自治体としての基本的な取り組み方針、位置付けを示す	
	・総合計画 ・行財政改革大綱 ・公共施設等総合管理計画 ・FM推進基本方針 ・公共施設白書	・老朽化対策基本方針 ・官民連携導入基本方針
実施計画	基本方針に基づく実施施策上の個別計画の方法・手法を示す	
	・再配置計画 ・複合化、集中化計画 ・用途変更計画 ・利用度調査 ・施設評価 ・ポートフォリオ ・LCC	・維持管理（点検、保守、運転、清掃、修繕） ・インハウスESCO事業計画 ・耐震改修計画 ・中長期保全計画 ・大規模改修計画
実行	実施計画に基づく具体的な事業（行為）を示す	
	・モデル事業実施 ・基本、実施設計 ・住民説明会の実施	・施設維持管理マニュアルの作成 ・ESCO事業の実施 ・民営化、指定管理者制度の導入

表6-7 実施体制（出口戦略）の実例

いく必要がある。図示すると【図6-8】のような流れである。

(3) 公共施設マネジメント推進体制の全体像

前述のフロー図を具体的な事例として例えば佐倉市に当てはめて整理すると【図6-9】のようになる。

このように、公共施設マネジメントの推進には、各々の自治体が自らの自治体におけるさまざまな与条件を検討する中で、各段階のフローのグランドデザインを描きつつ進めることが重要である。

すなわち、地方自治体における公共施設マネジメントの推進は、個々の自治体の特性（財政状況、保有資産状況、劣化状況、立地条件、人口動態、その他社会経済状況等）が均一でないため、唯一絶対的な推進体制を確立することは難しい。一方で地方自治体では、規模等に差違はあるものの、法律体系に基づき基本的には同等の行政サービスの提供や維持管理業務が実施されている。そのため情報管理、組織執行管理、財務管理という入口戦略構築と併せて、量（総量管理）

```
基本方針
    ▽公共施設等総合管理計画
    ▽FM推進基本方針
    ▽老朽化対策基本方針 等々
    ↳《並行的かつ総合的》
        ➡➡実施計画
            ▽再配置計画
            ▽耐震改修計画
            ▽中長期保全計画 等々
            ↳《並行的かつ総合的》
                ➡➡➡実　行
                    ▽モデル事業実施
                    ▽基本、実施設計
                    ▽ESCO事業実施 等々
```

図6-8　出口戦略の段階的イメージ

と質（施設管理）の双方から基本方針、実施計画、実行という実施体制（出口戦略）の各要素を、並行的かつ総合的に思考しながら進めていく必要があるだろう。

　なお、今後さらに公共施設マネジメントの推進を図るためには、提供されている行政サービスそのものの体系化や施設との関係についての再整理・分析と、公共施設等総合管理計画における施設用途別のあり方を検討するための評価手法等の検討が必要である。

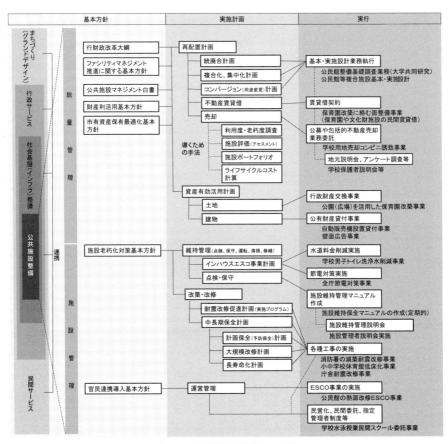

図 6-9　出口戦略の段階的フロー図

コラム 4

施設整備の核となる学校施設

● 公園化やポケットパークの発想

　公共施設等総合管理計画の対象施設には公園も含まれている。公園も土木インフラや公共建築物と同様、都市基盤施設の1つとして位置付けられていることから公共施設等に包含されているのであろうが、この事実は非常に興味深い。

　国の公表資料や地方自治体の施設白書等を見ると、これまでは主に建築物の延床面積についての情報収集・分析が行われている。今後の財政状況等を鑑み、何年先までに延床面積をどこまで削減するかの議論のためである。その一方で、施設の集約化や複合化、統廃合等が行われた先の話として、空いた「土地」について、出口戦略としての活用や位置づけの議論はあまり行われていない。民間施設における空き家住宅対策とも似た状況といえる。

　例えば、文部科学省の平成26（2014）年度学校基本調査（2014年12月19日：確定値）によれば、国立の小学校は72校、国立の中学校は73校、公立の小学校は20,558校、公立の中学校は9,707校、合計30,410校である。仮に1校当たりの敷地面積を10,000㎡とすると、全体で304,100,000㎡となり、国民一人当たりの国公立小中学校敷地面積は2.39㎡にも達することとなる。（総務省、2014年10月1日現在（確定値）総人口：1億2,708万3,000人）

　国土交通省によると平成26年度末における国民一人当たりの都市公園面積は全国平均で約10㎡であることを考えれば、学校の敷地は都市公園面積の約20％に相当する莫大な面積ということになる。

　この土地を地方自治体における単なる売却資産として計算するのではなく、例えば新たな住民共有の広場や公園として位置付けてみてはどうだろうか。その土地を活用し市民協働や官民連携等の視点から、教育、文化、子育て、介護、福祉、防災等の機能をじっくり構築していくキャンパスとするのである。このように思考ベクトルを転換すると、単なる施設の再配置とはまったく違う次元での住民・議会・行政間の「会話」＝ワークショップが生まれるはずである。

　空き家対策も、空いた土地を例えばマチナカポケットパークと名付けて住民自身が管理するような仕組みが出来上がれば、殺伐とした景色ばかりではなくなるのではないだろうか。

　少子高齢化社会というある意味成熟した社会の中にあって、ゆっくり時間をかけてこうした学校公園化（School in Garden）やマチナカポケットパーク（公園）をグランドデザインとして描いていくのも、公共施設マネジメントの醍醐味であろう。

都道府県名	箇所数	都市公園等面積 (ha)	一人当たり公園面積 (㎡/人)
北海道	4,857	11,523	38.0
青森県	857	2,060	17.7
岩手県	1,210	1,464	14.3
宮城県	1,172	2,314	22.8
秋田県	602	1,784	20.5
山形県	836	1,841	19.6
福島県	1,136	2,251	12.9
茨城県	1,966	2,669	9.4
栃木県	2,117	2,691	13.9
群馬県	1,447	2,475	13.6
埼玉県	4,132	4,306	7.2
千葉県	5,681	3,166	6.2
東京都	3,855	3,070	7.3
神奈川県	3,024	2,122	6.6
新潟県	954	2,194	16.7
富山県	1,961	1,599	15.1
石川県	1,110	1,521	14.2
福井県	910	1,163	16.2
山梨県	201	779	10.6
長野県	954	2,544	13.5
岐阜県	1,398	1,931	10.3
静岡県	1,410	2,010	9.3
愛知県	3,085	4,054	7.9
三重県	2,668	1,648	10.0
滋賀県	596	1,244	9.0
京都府	1,427	1,287	12.2
大阪府	4,097	2,965	5.6
兵庫県	4,203	4,153	10.8
奈良県	2,339	1,747	13.2
和歌山県	278	676	8.0
鳥取県	312	655	13.6
島根県	404	1,094	20.0
岡山県	1,099	1,355	13.3
広島県	1,925	2,063	14.2
山口県	1,129	1,865	14.3
徳島県	263	576	9.5
香川県	487	1,551	18.1
愛媛県	590	1,514	12.2
高知県	831	690	11.3
福岡県	2,548	2,134	8.9
佐賀県	264	848	11.5
長崎県	1,180	1,509	13.7
熊本県	703	794	10.1
大分県	1,102	1,259	13.1
宮崎県	986	2,032	21.6
鹿児島県	1,267	1,929	13.8
沖縄県	777	1,468	10.8
都道府県計	76,350	98,584	11.7

政令指定都市名	箇所数	都市公園等面積 (ha)	一人当たり公園面積 (㎡/人)
札幌市	2,725	2,438	12.5
仙台市	1,665	1,315	12.6
さいたま市	927	641	5.1
千葉市	1,060	891	9.3
東京特別区	4,181	2,748	3.0
横浜市	2,652	1,807	4.9
川崎市	1,109	563	3.8
相模原市	604	298	4.2
新潟市	1,369	805	10.0
静岡市	490	421	6.1
浜松市	559	653	8.3
名古屋市	1,449	1,585	7.0
京都市	908	639	4.4
大阪市	988	951	3.5
堺市	1,167	698	8.3
神戸市	1,619	2,636	17.2
岡山市	465	1,143	16.6
広島市	1,119	886	7.7
北九州市	1,702	1,170	12.0
福岡市	1,665	1,283	8.8
熊本市	971	684	9.3
政令市計	29,394	24,255	6.7
全国計	105,744	122,839	10.2

註：
・特定地区公園（カントリーパーク）を含む。
・都道府県分には政令市分は含まない。
・面積は小数点以下第1位を四捨五入。
・東日本大震災で大きな被害を受けた岩手県、宮城県、福島県の一部地域は平成21年度末の数値を使用。

表　平成26年度末　都道府県別一人当たり都市公園等整備状況（国土交通省）

● 学校施設台帳の有効活用

　全国の地方自治体が保有する公共建築物の中で、延床面積にして約38％が小中学校施設である。

　公立の小中学校施設については、すべて学校施設台帳が整備されているので、公共建築物の情報収集の第一歩とすると非常に効率的である。

　学校施設台帳は、棟単位で建築年や規模、構造等が整理されているだけではなく、敷地全体の配置図や棟単位の平面図、児童生徒数、クラス数、文部科学省の定める必要面積、過去の国庫補助金を受けて整備された増改築等の事業内容（概要）等が登録されており、かつそれらの情報は全国で共通の書式をもって毎年最新情報に更新される仕組みを有している。

　これらの情報を、地方自治体間で積極的にマネジメントツールとして活用すれば、全国的なベンチマーキングやエリアマネジメントの構想作成に有効であり、また公共施設マネジメント推進のために非常に有用なデータベースとなり得る。

（池澤龍三）

7

公共施設マネジメントの今後の展開

7　公共施設マネジメントの今後の展開

肥大化した社会の仕組みは簡単には変えられないが、何も変えようとしないのは罪悪に等しい

　ここまで述べてきたことは公共施設マネジメントの入口の部分にすぎない。計画を策定し実行に移していく段階ではさらにさまざまな課題が立ち現れてくると予想される。公共施設マネジメントの実践については事例がまだ少なく、筆者らにとっても未知の部分が多い。また今後は公共施設のみならず、道路や橋梁、上下水道などのインフラストラクチャーについても同様の対応が迫られることは明白である。戦後70年を経て日本の社会は成長・拡大から成熟の時代を迎えているが、社会の仕組みはまだその変化に対応し切れてはいない。特にハコモノといわれる建築の世界では、いかに効率よく新築を行うかというところで社会の体制が構築されてきた。新築志向の強い業界はもとより、行政の仕組みも国からおりてくる施策や補助金に効率よく対応できるように、部局間の縦割りの仕組みが確立している。現状では新築よりリフォーム、あるいは建物の長寿命化へと流れが変わりつつあるが、新築志向のままでこうした流れに対応していくことは難しい。大きな船の方向転換がすぐにはできないように、肥大化した社会の仕組みは簡単には変えられない。しかしながらそのことを理由にして、何も変えようとしないのは怠慢であり罪悪に等しい。舵を切って少しずつでも変えていく努力が必要である。その努力を続けていればいつかは必ず船の方向も変わるはずである。

　舵を操作するのは操舵手であるが、舵を切ることを命じるのは船長である。社会の仕組みを変えるときの船長は誰であろうか。一国のトップである総理大臣であろうか。独裁政治ならいざしらず、民主主義であれば船長は国民のはずである。その船長を説得するのは甲板員たる公務員や学識経験者であろう。公共施設マネジメントはそのくらいのスケールで考え

るべきことのように思われる。

　以下には、これまでの筆者らの経験から将来的にはこうしたほうがよいのではないかと思われることをいくつか列挙している。今後の取り組みに際して、参考にしていただければ幸いである。

(1) 危機意識の共有

　公共施設マネジメントの相談を受ける際に、担当者がよく口にするのは「庁内の温度差」である。担当者は当然ながら問題の背景も将来の状況の深刻さも十分理解し、公共施設を何とかしなくてはという危機意識が高い。しかしながら具体的な問題の検討に入ると、縦割りの所管部署ではなかなか積極的になってくれないという話を聞くことが多い。いわば担当者が一人で空回りしているようなむなしさを感じてしまうという愚痴である。これから公共施設マネジメントを推進しようということで担当者が決められても、単なる調整役以上の権限を与えられることは少ないのが現状である。その中で縦割りの壁が立ちはだかり、それぞれの壁の内側があまり協力的でないとすれば、担当者にストレスがたまってくるのは当然のことであろう。よく「施設を統廃合しようとすると住民の反対が大きくて難しい」というような声を聞くことがあるが、実は最大の敵は庁内にある、ということではないかと思うことが多い。ある施設を所管する担当者は当然自分の職務に忠実であろうとし、自分の職責は住民サービスの上では非常に重要であると考えているはずである。そのため所管する施設は非常に重要なものであり、施設の廃止はサービスの廃止であり、そんなことはとんでもないという思考をしている可能性が高い。すなわち「施設＝サービス」の考え方から抜け出せないままなのである。少子高齢化でこのままでは将来に問題があることは理解できるが、対応は他の施設でやってくれということになる。「総論賛成、各論反対」である。各部署がみんな同じことを言い始めると、結局は現状維持以上

［欄外］最大の敵は庁内にある

には進み得ないことになり、マネジメントはデッドロックになってしまう。そこをあえて強行しようとすれば、用途に関わらず各所管部署の公共施設を一律に削減せよ、というような乱暴な議論につながりかねないことになる。

> まずは発想を転換してみることが必要

　こうした事態を避けるには、庁内全体で公共施設全体についての危機意識を共有しておくことがまず必要であると考える。公共施設に問題がありそうだということは漠然とはわかっていても、あまり実感がないという職員も多いと思われるが、施設マネジメント担当者と同じレベルの意識を持ってもらうようにするべきである。その手段の一案として、庁内で職員を対象としたワークショップの開催を考えてみてはどうであろうか。現在の専門を離れて、公共施設全体を見渡す機会を設けると見方も変化するであろうし、担当分野を超えた発想が生まれてくる可能性もある。公共施設をどうするべきかを考える際に、従来の延長で考えているとなかなか妙案は生まれないと思われる。まずは発想を転換してみることから始めるのもよいのではないだろうか。

　また最終的に決断を下すのは首長である。首長が率先して危機意識を持ち、リーダーシップを発揮することが成功の要であることはいうまでもない。

(2) 自治体規模に応じた戦略

　ひと口に地方自治体といっても、人口が数十万を超えるようなところから数百人程度のところまで、その規模はさまざまである。規模が違えば保有する施設の種類や量が異なってくるし、また専門性を持った職員がいるかいないかということにも影響する。

　少子高齢化による人口の減少も全国的な話ではあるが、その進展状況はやはり地域によって違いがあり、求められる公共サービスの内容にも違いを生じてくる。このような状況は公共施設マネジメントの進め方にも反映されるはずであり、大規模な自治体と小規模な自治体で同じでよいということに

はならない。大規模な自治体の場合、施設量が多い一方で専門性を持った職員も存在するため、計画の策定や実行に人材が不足するということは少ないであろう。ただし職員に時間的な余裕があるかどうかは別の話であるが。大規模な自治体で懸念されるのは組織の縦割りの壁である。施設量が多いゆえに、それぞれの専門部署で所管されているケースが多いと考えられるが、そのために庁内での意思疎通が滞りがちになる。このことについてはすでに本書でも述べたとおりで、いかに組織に横串を通していくかが課題となる。

> 大規模な自治体で懸念されるのは組織の縦割りの壁

これに対して、小規模な自治体では専門性を持った職員が確保されていないために、例えば建物の劣化診断や維持保全計画の作成などで支障をきたすことが考えられる。その際には広域的な連携により専門的な人材を確保するか、あるいは県などからの支援を得るなどの対応が考えられる。また小規模な自治体では保有する施設そのものが少ないので、改めて公共施設マネジメントを計画するまでもないという場合もあるかと思われるが、その場合でも情報管理の必要性だけは強調しておきたい。筆者の一人は某県の山間部にある村を訪れて、自治体関係者の話を聞く機会があったが、その村の公共施設はまず役場の庁舎と学校、それに地域の公民館ないしは集会施設があるくらいだとのことであった。公民館を含めた地域の集会施設は維持管理をほぼ住民に任せているとのことで、小規模な自治体のやり方としてはそれでよいのではないかと感じた次第である。もし残りの役場の庁舎と学校を縮小するとなれば、周辺の自治体との施設共有しか手段はないように思われる。平成の大合併といわれた町村合併は、自治体の数を減らすことで日本全体の行政効率を向上させることが目的のひとつであったと思われるが、あえて合併を選択しなかった自治体もある。その裏にはそれぞれの地域の事情があったのであろうが、今後の財政状況を考えると公共施設の再編はいずれ避けて通れないであろう。その時に備えてより広い視野で準備を進めることが求められる。

> 小規模な自治体では広域な連携により専門的な人材を確保する

7　公共施設マネジメントの今後の展開

各地の自治体からいろいろ相談を受ける中で気になっているのは、いずれも同じような将来像を前提として同じような計画を立てようとしている点である。すなわち、少子高齢化が進み、今後は高齢者が増加するので高齢者施設が必要になる。また子育てに対する援助を手厚くして少子化を防がなくてはならない。ついては高齢者施設や保育園の充実を図る必要があるが、そのための財源がないのでどうするか、というようなストーリーである。確かに全国的に見るとそのとおりなのであるが、すべての自治体がまったく同じ変化をたどるとは考えにくい。戦前までとは異なり、子供が親の家に住み続ける、あるいはいずれ外から戻ってくるというようなことは少なくなっているように思われる。親は親、子は子で住む所が違うのは当たり前になってきている。このことを長い目で見ると、世代が変わるにつれて人は移動して行くというようにいえるのではないだろうか。先ほどの山間部の村では、子供がいる世帯では子供が高校に進学するようになると、通学の便を考えて一家をあげて便利な場所へ移住するということも聞いた。自治体関係者は、そうした家族はおそらく元の場所に戻ってくることはないであろうと話されていたが、このような状況にどう対応すべきかは筆者には簡単に答えが出せないと感じられた。このようなことを話しているうちに、その関係者が「いずれ地域をどう畳むかを考えなくてはいけなくなるのかもしれない」と深刻に言い出されたことが強く耳に残っている。

　そのような自治体があるかと思えば、都心の自治体ではマンションの増加で今後も人口が増加すると見込んでいるところもある。また他の地域から若い世代を積極的に呼び込んでいこうとしている自治体もある。人口増を想定するのであれば子供も増えるので学校の増設が必要になるが、それは一時的なものと考えておかないと、将来は現在の状況の繰り返しになるだけである。また若い世代を呼び込むのであれば、居住や子育てへの支援を手厚くして、例えば賃貸住宅や保育園

> 公共施設の将来像は、地域として目指すべき将来像を反映したものであることが必要

の充実を移住の呼び水にしていくなどが考えられる。公共施設の将来像は、そうした地域として目指すべき将来像を反映したものであることが必要である。施設や建物だけを見ていたのではこういう発想は出てこないが、地域全体を俯瞰しつつ他の地域との差別化を考え、施設の選択と集中を図っていくという姿勢も大事ではないだろうか。

(3) 住民の理解

施設の統廃合を話題にすると、住民の反対が強いからと二の足を踏む自治体も多い。確かにその施設を利用している住民からすれば、廃止などによって利用できなくなったり不便になることは不満であろうし、統廃合に反対するのは当然の感情であろう。自治体の関係者がいう住民とは多くの場合その施設の利用者である。同じ住民といっても施設を利用しない人たちもいるし、むしろ利用しない人たちのほうが多いのが実情である。公共施設の利用実態に関してはさまざまに調査されているが、結果はいずれも同じような傾向を示している。学校や保育園などの特定の利用者がいる施設は別として、一般によく利用されるのは本庁や支所の窓口であり、住民票や印鑑証明などの取得が目的である。ついで図書館や公民館などがあるが、これらについては利用率が高いところでも利用経験者は全住民の半数以下というところが多い。自治体の住人（ここでは市民としておく）といっても、特定の施設を利用する人と利用しない人がいる。すなわち施設から恩恵を受ける「受益者市民」と、その施設の費用を負担するだけの「負担者市民」に分けられるということである。（筆者はこの考え方を、東洋大学 PPP 研究センター長の根本祐二教授からご教示いただいた。）

自治体の施設担当者にしてみると、普段顔を合わせているのは受益者市民であり、負担者市民の顔は見えない。そのため冒頭のようなことになると思われるが、負担者としての市民は担当者が想像している以上に冷静である。各種のアンケ

> 状況をきちんと説明していけば、市民の理解は必ず得られる

ート結果を見ても、今後公共施設が問題になるということを理解している市民は少なくないし、統廃合を含めた施設の再編に賛成する市民はむしろ多数派である。本書で何度も述べてきたように、状況をきちんと説明していけば市民からは必ず理解が得られるはずであり、公共施設マネジメントの担当者には自信を持っていただきたい。

> 客観的な数字を示しながら、行政と市民が同じレベルに立って問題の解決策を考えていく姿勢が大事

また市民に対して、自治体が公共施設の問題に真剣に取り組んでいるという姿勢を示すことも、市民の理解を得る上では大事なことのように思われる。静岡県浜松市は2005年に天竜川・浜名湖地域の12市町村が合併して現在の姿になっているが、まずその合併により公共施設の過剰感が生まれてきた。例えば合併により議会が1つになったので議場も1つでよいことになる。そのため浜松市は早くから公共施設の再編に取り組んでおり、関係者の間では「公共施設マネジメントの先進都市」として有名である。筆者は浜松市における取り組みを調査したが、筆者の印象では浜松市のやり方は担当者の独断専行とも思えるようなもので、公共施設の廃止について直接の担当者にかなりの権限が付与されており、担当者が不要と判断したものは直ちに廃止・解体を進めていくという具合であった。根回しを重視する「お役所仕事」が当たり前の中では、一見すると乱暴なやり方のようであるが、誰が見ても不要なものは不要という合理主義的な考え方が基本にあるように思われる。住民の反対はないのかという質問に対して、関係者の答えは9割の住民は理解してくれる、また最後まで反対する人でも粘り強く説得すれば理解してくれるとのことであった。実績を重ねていくことで市民の理解が深まり、感情的な反対論は影をひそめていくのではないだろうか。

また市民の理解を得る上では、客観的なデータの提示が重要であると考えている。多くの市民は仕事を通して金銭感覚を身につけている。また事業経営を通してバランスシートを理解している人も少なくないはずで、公共施設のコストデータをきちんと示されれば的確な状況判断ができるはずである。

これまで施設の統廃合で問題を起こしてきたのは、そういった説明をしないままで、行政側が施設を廃止あるいは統合するという話を「唐突に」住民に押しつけてきたからではないだろうか。担当者にしてみれば行政的な手続きは正しいからそれでよいということかもしれないが、直接の利害関係を持つ住民からすれば唐突感は否めないであろう。では事前の説明さえすればよいかということになるが、ただ「統廃合するからよろしく」と言うだけでは反対の感情を抑え切れるものではないであろう。情報の透明化や可視化が重要ということがよくいわれるが、客観的な数字を示しながら、行政と市民が同じレベルに立って問題の解決策を考えていくという姿勢が大事であると考える。行政側には市民の理解を得るというだけでなく、時には市民の側から提案を受けて方針を再検討していくという姿勢も必要なのではないだろうか。

(4) 学校施設の活用

> 閉じている学校を開いていくことで、さまざまな可能性が開ける

これまで学校施設は教育の聖域であり、先生と児童生徒だけの閉ざされた場というイメージが強かった。不幸な事件もあり、学校施設の安全性が重視されるようになってからこの傾向はますます強くなってきているように思われる。その一方で児童生徒数が減少し、一学年のクラス数が減るに従って「余裕教室」が増えている。「余裕教室」は教育関係者が使う言葉であるが、公共施設をマネジメントする側では「空き教室」と呼ぶことが多い。学校の施設は児童生徒数が大幅に増えた状況で増設されてきた経緯がある。そのため必要な面積や教室数はその時の状況に合わせて計画されているので、児童生徒数が減少した現在では過剰になるのが当たり前である。時代によって教育の方法が変化しているので必要面積が増大しているという面もあるが、それよりは児童生徒数減少の影響のほうが大きいように思われる。

日本の公立学校の特徴ではないかと思うが、学校施設については施設の管理もすべて教員の仕事になっている。主に副

校長の先生が担当されている例が多いと思われるが、校舎の点検や修繕工事の発注あるいは依頼などが任務である。先生の仕事はいうまでもなく教育である。日本の先生は世界一忙しいという調査結果を見た覚えがあるが、教育以外にも学校運営に関する打ち合わせや会議、研修、それに子供たちの部活動の世話など業務は多岐にわたっている。その多忙な業務に加えて施設管理もということになれば、業務としての優先順位は低くならざるを得ないことは明白である。公共サービスのあり方という面から考えるならば、先生には先生本来の仕事に集中してもらうほうがよいということができる。特に施設の管理は専門家に任せるほうが得策である。

> 廃校となった学校の跡地は地域の核として活用を考えるべき

また学校の立地は地域の中でも核になるような場所である。災害の時には1次避難の場所でもあり、地域住民との関わりは深い。廃校となった学校の跡地について、売却して財政赤字を補塡するというような施策もあるが、筆者としては地域の核として敷地の活用を考えるべきであるというのが持論である。学校としての機能がなくなったとしても、そこに周辺の公共施設を集めてくればよいのではないだろうか。あるいは郵便局やコンビニなど民間の施設を入れてもよい。学校の敷地を地域の中心として活用するのである。廃校に至らなくても、児童が減って空いた空間に別の機能を入れてもよいのではないだろうか。実際に空き教室を使って学童保育の機能を入れている事例は珍しくない。高齢者施設や保育園なども学校に併設できる可能性は高いように思われる。あるいは公共図書館や公民館なども候補としてあり得るであろう。このような提案をすると、学校の安全性の確保が難しいという声が出ることがある。機能を併設するといっても、子供たちのいる空間と他の機能の空間を混在させる、平たくいえばごちゃ混ぜにするということではない。出入り口や動線を分離して複数の機能がそれぞれに干渉しないようにするのは建築設計の原則であり、仮に改修などで校舎に変更を加えるとしてもそうした配慮は当然行われるはずである。学校施設を複合

化していく利点は、まず余っている施設面積を有効に活用できるということと、それに伴い運用・管理にかかる費用（光熱水費や点検保守費、修繕費など）が節約できるということがある。さらには複数施設で分担すれば人件費の負担を下げられることから、施設管理に専門家を充てられる可能性も出てくる。そうなると学校の先生の余計な業務を減らすこともできるはずである。

　千葉県佐倉市の事例で、学校のプールを廃止して外部のスイミングスクールを活用するということを述べたが、同じようなことは学校の他の機能についても考えられる。公立図書館を学校の敷地に併設した事例があるが、子供にしてみれば学校の図書室よりずっとたくさんの本がある環境が身近に存在することは好ましいことであろう。また給食センターは珍しいものではないが、考えてみればこれも学校機能の外部化のひとつである。従来の学校は教育に必要な機能をすべて内包化する傾向が強かったが、もっと開放的であってもよいのではないか。外国では学校のクラブ活動などは存在せず、子供たちは地域のクラブでスポーツに親しむという事例もあるようである。学校機能の外部化と外部機能の学校への組み込みを考えることで、学校を公共施設マネジメントの核としてとらえられるのではないだろうか。閉じている学校を開いていくことでさまざまな可能性が開けるように思われる。

(5) まちづくりの視点

> 公共サービスのあり方はまちのあり方と密接に関連する

　一時期は公共施設の問題がマスコミを賑わしたことがあったが、最近のマスコミの関心は空き家問題に移っているようである。空き家問題も公共施設と同様に、少子高齢化が背景にある。まちづくりの関係者の間では、空き家をいかに活用するかが大きな研究テーマになっているように思えるが、仮に一時的な活用に終ってしまうようでは、問題の本質は変わらないのではないかと危惧している。

　人口増あるいは世帯増の時代には居住地域は郊外に拡大し

ていった。都市周辺の農地や山林が宅地になり、住宅団地が広がっていく風景は高度成長期の記憶となっている。この時代には郊外の緑が虫食い的に失われることが問題視されていたが、最近の空き家問題では「都市のスポンジ化」ということがいわれている。スポンジ化とは、空き家が増えることで都市の中に居住者のいない空間、すなわち空洞がランダムに散在するようになり、都市がまるでスポンジのようになっていくということを表現しており、都市計画の研究者が使っている言葉である。

> 問題は人口の減少ではなく、人口密度の低下（都市のスポンジ化）にある

　都市がスポンジ化するということは居住者の密度、すなわち人口密度が低下することである。人口の減少はよく話題になるが、むしろ問題は人口密度の低下にあるといってよい。都市のスポンジ化による弊害はいろいろ考えられるが、中でもインフラの維持に対する影響が大きいと思われる。かつてのように郊外に居住地が拡大していった時代には、当然ながら拡大した居住地に対してインフラが整備されていった。その場合、財政的な理由から整備の時間的な遅れはあったにせよ、利用者が増えるのでインフラを拡大するということは自明であり、税収も利用料も増えるのであるから拡大に対する懸念はなかったといえる。人口や世帯数が減少することによって、拡大期とは逆のプロセスで居住地域が縮小していくのなら問題は少ないが、都市がスポンジ化するということは、居住地全体としての大きさ、すなわちインフラのサービス範囲は縮小しないということである。膨らませた風船が縮むのではなく、風船の大きさは変わらないまま中の空気が減るようなイメージである。このような状況では、インフラの維持コストは変わらないまま利用者のみが減少するという事態になり、利用者一人当たりの維持コストは確実に増加することになる。このことは公共施設についても同様である。

　こうした事態が予見できるために、コンパクトシティ化あるいは立地適正化計画などが推進されようとしているわけであるが、その実現のためには地域の将来の姿を共有し、住民

の協力を得ていく努力が不可欠であること、また1年や2年で実現できる計画ではなく、20年、30年といった息の長い取り組みになることはいうまでもないであろう。これを実現していく中心となるのは、都市計画あるいはまちづくりの役割である。コンパクトシティ化の推進は同時にインフラや公共施設の問題にも影響を及ぼす。将来のまちの姿をイメージしながら、公共サービスのあり方を考え、それに応じたインフラの整備あるいは公共施設の整備を考えていくということになるであろう。

そもそもは公共施設の現状を何とかしなくては、というところから出発した公共施設マネジメントであるが、公共サービスを考え直すことで施設のあり方を考えようということになり、公共サービスはまちのあり方と密接に関連するという話に展開してきている。そうなると公共施設マネジメントはまちづくりの一環で考えるべきで、まちづくりの視点が非常に重要であるという結論に至る。今後は計画づくりから公共施設の統廃合を具体的に進める段階に至ることになるが、住民の理解と協力を得るためにもまちづくりの専門家の協力が不可欠であると考えている。すなわち、まちの姿が決まらないと公共サービスのありようが見えず、施設も見えてこないということになるので、まずはまちづくりをどうするかの議論が重要であると考える。このように問題は単に施設だけにとどまらず、今後の社会のありようにまで及ぶものである。幅広い人々の協力あるいは協働が欠かせない。

> 住民の理解と協力を得るためにも、まちづくりの専門家の協力が不可欠

コラム　5

公共施設マネジメントの支援体制の構築

● なぜ公共施設マネジメントが進まないのか

　自治体が保有する公共建築物や土木インフラなど、公共施設の維持・整備に必要となる膨大な整備費や運用費の捻出に頭を悩ませている地方自治体は多い。しかし地域産業・生活の活性化による持続可能な地域生活には、それを支える公共施設の維持・整備が不可欠である。

　これらの課題に立ち向かうべく、住民参加によるまちづくり計画から「公共施設等総合管理計画」の延長にある個別計画まで、整備計画をさまざまな方面から支援する取り組みが近年活発である。しかしその計画が実現し地域生活の豊かさにまでつながる事例はまだ少ない。その理由として、公共施設を整備する自治体の財政悪化や縦割り組織の弊害、補助金や助成金の活用を前提とした制度、政治的な圧力などを挙げることができるだろう。

　しかしこれまで筆者らが全国の地方自治体を支援してきた経験から、その最大の障壁は、目指すべき公共施設整備の姿を明確に持つ自治体職員が少ないことにあると思われる。ただしこの状況がいまだ打開されないのは、単なる自治体職員個人の資質の問題ではなく、自治体自体が客観的な情報収集・分析を計画策定にまでつなげる仕組み、そして自治体職員の積極的な活動と負担低減を地域全体で支援する体制が存在しないためではないだろうか。

　「公共施設の整備」というと、いわゆるハコモノと呼ばれる公共施設や道路・橋梁などハード面の量的な充実とその残念な結果が想像される場合が多いと考えられるが、活力ある地域生活を支える産業や生活スタイルなどソフト面の充実に不可欠な基盤として公共施設を再評価する必要があるだろう。なお公共施設マネジメントでも施設マネジメントの基本である「財務」「供給」「品質」のバランスが重要になるが、「財務」状況が厳しい状況でも資産の「品質」向上は不可避であるため、「供給」量縮減を前提としながら適切な資産整備を実現することが地方自治体存続の鍵となる。そのため公共施設の整備による産業活性化ではなく、「公共施設の整備に必要だった負担を豊かな生活・産業に変える」取り組みの実装が昨今の地方自治体の最大の課題である。

　なお、ひと口に「地方自治体」といっても、公共施設整備の状況は都市の立地・環境条件に大きく影響されるだけでなく、自治体内でも市街地と郊外ではとても大きな地域格差が存在する。そこで地域ごとの立地・環境を踏まえた地域生活のあり方を自治体が住民と共に客観的な視点から評価・判断し、その実現に結び付く公共施設の整備を共創する仕組みが、財源が厳しく人材も少ない多くの地方自治体では切望されている。

しかし従来の研究や事業では、地域産業・生活のあり方について地元ではない人々から見た分析結果や提案を推し進めるものが多く、自治体職員と住民が共に地域産業・生活のあるべき姿について公共施設整備を通して考える活動、さらにこれらの地域活動に対する具体的かつ継続的な（金銭以外の）支援体制づくりについてはまだ不足している。

● 持続可能な地方自治体のビジョン

本来、公共施設は自治体の資産ではなく住民の資産である。自治体は公共施設を管理している組織にすぎず、自治体職員はまた住民でもある。そして公共施設は地域全体の産業・生活活動の拠点でもあるため、地域全体で共創すべき資産として、自治体はあらゆる世代の住民と共に産業・生活そして財政状況など多角的な視点から公平かつ客観的な整備計画を検討・実行しなければならない。しかし現実には、自治体任せで財政を圧迫するだけの安易な公共施設整備の実例があまりにも多い。

そこで筆者らは、地域生活の基盤である公共施設の整備を担当する自治体職員が、客観的な根拠に不可欠な情報収集、評価そして計画策定を多世代の住民とともに共創する一連の手法を確立するために研究・活動を行っている。そして自治体職員の活動支援や負担低減を実現しつつ、持続可能な地域生活を築く公共施設整備の進むべき姿を共に見いだす仕組みを構築したいと考えている。

例えば図書館が欲しいという要望が住民もしくは自治体内から挙がってきた場合、そもそもなぜ図書館が欲しいのかを問えば、読書もしくは学習の場として活用したいという意見が多いだろう。しかし読書や学習の場は図書館だけでしか実現できないわけではない。さらに読書や学習を行う目的が知識の習得であれば、ITCを活用したほうがより目的を達成できるかもしれない。図書館自体の有用性を否定するつもりはないが、既存の施設用途に囚われずに本来の目的を的確にくみ取り、対応を考え実行に移す自治体職員を増やすことが、厳しく限られた財政状況にある地方自治体に求められていることは明白である。そのためには自治体職員だけでなく、立場や世代に関わらずすべての住民が日頃から公共施設に関心を持ち、公共施設のあり方について客観的な根拠を基に議論できる下地を築くことから始める必要がある。もちろん公共施設のあり方は、地域生活のあり方を問うことにつながる。

このように公共施設整備の進むべき姿を明確に持つ自治体職員を育てることは、地方自治体の存続にかかわる重要な課題であり、最終的には住民の責任である。そして持続可能な地域生活を実現する本質的な地方創生を実現するためには、自治体職員と住民が公共施設整備を通して地域産業・生活のあるべき姿を共創する体制の整備が不可欠である。

またこの多世代共創の仕組みを全国かつ継続的な活動にまで展開するためには、公共施設整備に関わるシステム運用および支援体制を運用する体制・組織が不可欠だろう。全国的に見れば、公共施設整備のあり方を本気で模索している自治体は存在するものの、その障壁はあまりに高い。そのため著者らは研究チームを組み、全国の自治体の公共施設整備

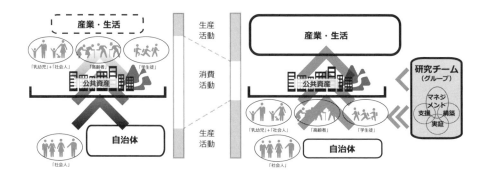

図 支援体制構築による地域生活の向上（上図）と仕組みづくり（下図）

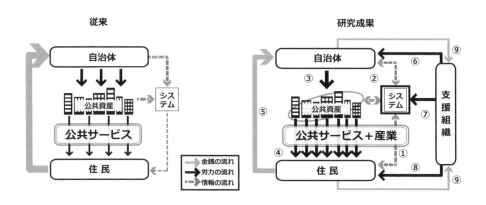

①施設・財務情報を自治体と住民で共有することに同じ土俵に立った議論が可能
②情報提供が双方向かつ大多数へ伝達されることで情報収集・分析などの自治体職員の負担が削減
③行政は情報が一元化されるため集約的な資源投入が可能となり効率化が実現
④ITCの活用など公共サービスを複数の手段で提供することで公共サービスの増加による産業の活性化
⑤公共資産整備に対する住民負担（税金）が削減することで結果的に自立的な自治体運営と地域活性化を実現
⑥第三者の立場から公共資産整備に関する政策決定の方向性・手法に関する支援と提案の実施
⑦システムの継続的な保守・改善と資産情報管理に関わる収集・分析・共有作業を担当
⑧積極的な自治体職員＋住民参加を促すため第三者の立場から専門知識・手法を提供
⑨支援活動に対する対価として運用資金を確保する仕組みを確立することで継続的な支援体制と多世代共創の定着を実現

における支援ハブとなるシステムと組織を実装する準備を進めている。

なお多世代共創を考える場合、世代ごとの負担と受益の問題も考慮する必要がある。そのためのひとつの手法として、「世代会計」の考え方を援用し、世代間の均衡（不均衡）についても明らかにしたい。これは現在の行政の支出・収入構造と、今後の施策を前提とした場合、どの世代が得をし、どの世代が損をするのか、数値化し定量的に評価する枠組みとして1991年に初めて手法が提示され、日本でも『経済財政白書』（内閣府）などで分析が試みられている。そこで筆者らは、住民を「高齢者（65歳前後〜）」「社会人（20歳前後〜65歳前後）」「学生徒（10歳前後〜20歳前後）」「幼児童（〜10歳前後）」の4世代に分類し、世代間の視点から課題を明確にしたいと考えている。

なぜなら一般的に、「高齢者」は消費活動が主体であるが、公共施設整備に関心を持ち自治体とも積極的な関わりを持つ。一方「学生徒」も消費活動が主体であるが、公共施設には関心がなく、自治体との関わりも少ない。また生産活動の主体となる「社会人」は仕事や家事そして「幼児童」の対応に追われ、自治体との取り組みに参加できていない。そのため著者ら研究チームは、「学生徒」自らが生産活動の基盤となる公共施設整備に参加する仕組みを創設することで、「高齢者」や「社会人」らも巻き込みながら地域全体を生産活動の主体に転じさせ、結果的に資産整備の世代間負担が縮減され、地域産業・生活の活性化につながる多世代共創の仕組みを目指す。**[図]**

（堤　洋樹）

※本コラムの内容は、「地域を持続可能にする公共資産経営の支援体制の構築」（社会技術開発センター平成28年度「持続可能な多世代共創社会のデザイン」研究開発領域プロジェクト）として平成28（2016）年10月から3年間、産官学の共同研究を実施するとともに、継続的に自治体職員・住民を支援するための支援組織を立ち上げる計画概要である。

あとがき

　2014年に日本創成会議が出した「地方消滅」論は、日本中で大きな話題となりました。その内容の是非はともかく、日本という国がかつて経験したことのないほどの大きな転機にさしかかっていることは間違いありません。今後の少子高齢化や人口減少はもはや誰もが知っていることで、それぞれの地方自治体では、その現実にどう対処するか頭を悩ませていることと思います。本書で取り上げている公共施設マネジメントも、こうした背景から必要とされるようになったことはいうまでもありません。

　推計の方法により違いはありますが、日本の総人口が1億人を下回るようになるのは2046年頃という推計結果があります。かつて日本の人口が1億人を超えたのは1967年でした。年齢構成が異なるのでまったく同じということではありませんが、2016年から見るとこれから30年かけて50年前に戻るということになります。今は人口減少の負の側面が語られることが多いのですが、かつての日本では人口の増えすぎが懸念され、人口抑制が真剣に語られた時代もありました。物事には悪い面もあれば良い面もあるということを、改めて思い起こす必要があるでしょう。本書でも触れましたが、「思考のベクトル」が重要だと思います。人口が少なくなるというデメリットを克服するために何をしなくてはいけないかという発想と、人口が減ると見えてくるバラ色の未来のために何ができるかという発想では、どちらがモチベーションを高くするかは明白です。人口が減れば良いこともあるはずで、それを見つけながら将来の姿を思い描き、未来へのステップを

構築していくことが必要なのではないでしょうか。現在の延長として未来を考えるのではなく、未来の姿を想い描いて現在からそこに至る道筋を考えるという「リバースデザイン」の発想が大事なのでしょう。

　本書で述べたことの繰り返しになりますが、施設マネジメントも同様です。現在の公共サービスの姿をいったんリセットして未来の公共サービスのあり方を考え、その未来の公共サービスの姿から公共施設のかたちを考えていくという思考方法が求められるように思います。まさに思考ベクトルを逆転させる必要があるのです。そう考えると、公共施設マネジメントも、ただ施設のことだけを見ていればよいというのではないことがわかります。公共施設と公共サービスの関係を考え、さらに進めて公共サービスそのもののあり方をどうするかと考えていくと、最終的には行政と住民の関係をどう構築するのがよいかというところにまで、話はたどり着きます。空き家の問題やインフラの問題も背景は同じであり、また行き着く先も同じだと思います。結局、現状のさまざまな問題は将来のまちの姿をどうするかというまちづくりにつながっているように思います。

　すなわち公共施設マネジメントを突き詰めて考えていくと、わが国あるいはわが地域の将来をどのような姿にしたいのかということが、すべての考え方の出発点になるべきであるというところへ行き着きます。ここで懸念されるのは、多くの自治体が人口減少をくい止める、あるいは人口を呼び込むという前提で将来計画を立てる傾向が強いことです。政治家と

してはネガティブなことは言えないというようなことが、その背景にあるのではないかとも想像されますが、移民を受け入れることにならない限りはすべての自治体で人口減少がくい止められるはずはありません。「もしかしたら」という希望的観測を入れた将来像ではなく、ここでは冷静に現実を反映した将来像を描くことが重要だと考えます。先ほども述べたように、それは決して惨めな姿ではなく、視点を変えればバラ色の未来にすることも可能なはずです。1967年が決して悲惨な時代ではなかったように。

　多くの地方公共団体にとって、これまでは施設マネジメントの準備段階でした。施設白書の作成、総合管理計画の策定などでは大変な思いをされたところも多かったと思いますが、それ自体は最終目的ではなく、あくまでも準備段階の作業です。大事なことは、現実を踏まえて自分たちが創りたい未来の姿を積極的に描きつつ、その実現のために何をするべきか、すなわちどのようにマネジメントしていくのかを構想することなのです。またこれから各地で蓄積されていくであろう未来の事例を幅広く共有していくことで、新たな知恵が生まれることが期待できます。こつこつと実践を積み上げていくこと、これが基本であり、また大事なことであると考えます。

　本書は早稲田大学理工学研究所における不動産マネジメントプロジェクト（略称 MoRE）の成果をベースにしています。また一部の研究の遂行にあたっては文部科学省の科学研究費（基盤 B）をいただきました。ここに記して謝意を表します。

また調査等にあたっては、卒業生を含めて早稲田大学創造理工学部建築学科小松研究室および前橋工科大学建築学科堤研究室の多くの学生諸君の協力がありました。個々のお名前は略させていただきますが、改めて感謝したいと思います。

小松幸夫

参考文献

1	『誰にでもわかる自治体の財務指標の読み方』今井太志、ぎょうせい、2009.1
2	『マンガでわかるデータベース』高橋麻奈・あづま笙子・トレンドプロ、オーム社、2005.12
3	総務省：資産評価及び固定資産台帳整備の手引き、平成 26 年 9 月 30 日、 http://www.soumu.go.jp/main_content/000316924.pdf
4	総務省：今後の新地方公会計の推進に関する研究会報告書 平成 26 年 4 月 http://www.soumu.go.jp/main_content/000287808.pdf
5	総務省：今後の地方公会計の整備促進について、平成 26 年 5 月 http://www.soumu.go.jp/main_content/000292409.pdf
6	総務省 HP：地方自治体における財務諸表の活用と公表について、 http://www.soumu.go.jp/main_content/000057057.pdf
7	総務省 HP：平成 24 年 3 月 31 日住民基本台帳人口・世帯数、平成 23 年度人口動態（市区町村別）、 http://www.soumu.go.jp/menu_news/s-news/01gyosei02_02000042.html
8	橋本直子、堤洋樹、水出有紀、池澤龍三：公共施設等総合管理計画における土地の利用に関する研究、日本建築学会大会（関東）梗概集、建築社会システム、pp.23-24、2015.9
9	水出有紀、堤洋樹、松村俊英、内山朋貴：新地方公会計制度による施設管理方針の将来予測 その 1 将来予測の活用可能性の検討と課題点、日本建築学会大会（関東）梗概集、建築社会システム、pp.33-34、2015.9
10	内山朋貴、水出有紀、堤 洋樹、松村俊英：新地方公会計制度による施設管理方針の将来予測 その 2 評価結果を用いた目標値の設定に関する検討、日本建築学会大会（関東）梗概集、建築社会システム、pp.35-36、2015.9
11	松村俊英、堤洋樹：公共施設維持コストの会計的表現に関する研究、第 31 回建築生産シンポジウム、日本建築学会、pp.215-222、2015.7
12	堤洋樹、内山朋貴、水出有紀、池澤龍三、松村俊英：公共施設のアンケートを用いた簡易的施設評価に関する研究、第 31 回建築生産シンポジウム、日本建築学会、pp.223-228、2015.7
13	堤洋樹：公共施設管理は「リバースデザイン」を目指すべきではないか、建築社会システム PD「公共施設マネジメントの担い手」、日本建築学会大会（関東）PD 資料、pp.2015.9
14	堤洋樹：公共施設は個別整備から地域整備の時代へ、公共施設、Vol.57-1 No.208、公共施設協会、pp.8-11、2015.4
15	松村俊英、堤洋樹：施設評価における新地方公会計制度の活用について、日本不動産学会、2014 年度秋季全国大会（学術講演会）、2014.11
16	『公共施設マネジメントハンドブック「新しくつくる」から「賢くつかう」へ』小松幸夫（監修）・板谷敏正・山下光博・平井健嗣・五十嵐健・山本康友・李祥準・松村俊英・円満隆平・堤洋樹・有川智・門脇章子、日刊建設通信新聞社、2014.7
17	Sangjun YI, Kenji HIRAI, Hiroki TSUTSUMI, Yukio KOMATSU, Ryo SANUKI: Improving the Efficiency of Public Facilities Management in Municipalities -Focused on the Present Conditions and the Prospects of Municipalities-, Architectural Institute of Korea, 2014.10 ※優秀発表表彰
18	大舘峻一、角田誠、李祥準、堤洋樹、水出有紀：公共施設整備に伴う町並み整備計画―施設の評価と整備方針の検証―、日本建築学会、第 30 回生産シンポジウム、PP.217-220、2014.8
19	讃岐亮、堤洋樹、李祥準：公共施設マネジメント広域連携がもたらす利便性向上効果の分析、日本建築学会、第 30 回生産シンポジウム、PP.221-226、2014.8
20	水出有紀、堤洋樹、松村俊英、内山朋貴：新地方公会計制度の活用による公共施設評価指標の検討、日本建築学会、

	第30回生産シンポジウム、PP.227-232、2014.8
21	橋本直子、池澤龍三、堤洋樹、水出有紀:所管と利用から見る公共施設の建物用途分類の実用性について、日本建築学会、第30回生産シンポジウム、PP.233-238、2014.8
22	内山朋貴、堤洋樹、水出有紀、李祥準、讃岐亮、恒川淳基:公共施設ベンチマーキング手法に関する研究 公開情報を利用した施設総量の検討、日本建築学会、第30回生産シンポジウム、PP.239-244、2014.8
23	Junki TSUNEKAWA, Hiroki TSUTSUMI, Sangjun Yi, Hirotaka YAMAMOTO: Analysis on the Current Situation of Public Facilities with Financial Statements, Conference on Architectural Institute of Korea, Vol.33, 2013.10
24	Sangjun YI, Kenji HIRAI, Hiroki TSUTSUMI, Yukio KOMATSU: STUDY ON DRAWING UP PUBLIC REAL ESTATE STRATEGY - PROPOSAL OF BUILDING EVALUATION METHOD FOR UNDERSTANDING CONDITION OF ALL BUILDINGS, Conference on Architectural Institute of Korea, Vol.33, 2013.10
25	水出有紀、堤洋樹、李祥準、海川拓也、恒川淳基、小松幸夫:公共施設の総量適正化を目的とした評価プロセスによる整備計画、第29回建築生産シンポジウム論文集、日本建築学会、PP.205-210、2013.7
26	恒川淳基・堤 洋樹・水出有紀・海川拓也:自治体間の比較分析を考慮した分類項目の検討—FM導入のための施設情報分析—、関東支部審査付き研究報告集、PP.125-128、2012.6
27	水出有紀、堤洋樹、李祥準、増川雄二、小松幸夫:運用面からみた公共施設の評価の手法に関する研究、第28回建築生産シンポジウム論文集、日本建築学会、PP.245-250、2012.7
28	佐久間直哉、小松幸夫、李祥準、堤洋樹、水出有紀:アンケートを利用した公共施設現地調査のための優先順位付け手法の検討—公共施設マネジメント効率化に関する研究—、第28回建築生産シンポジウム論文集、日本建築学会、PP.263-266、2012.7
29	李祥準、堤洋樹、平井健嗣、小松幸夫:地方自治体の公共施設マネジメント推進のためのプロセスの提案、秋季学術発表大会論文集、大韓建築学会、CD配布、2012.10 ※優秀発表論文賞—口頭発表分野—
30	会津若松市:WSの報告※「行仁地区」 http://www.city.aizuwakamatsu.fukushima.jp/docs/2015071000024/
31	長野市:芋生地区WSの報告 https://www.city.nagano.nagano.jp/soshiki/gyousei/132434.html
32	佐倉市:志津公民館の報告書 http://www.city.sakura.lg.jp/cmsfiles/contents/0000006/6871/houkokusyo.pdf
33	自治体等女性FM会:学校施設の点検ハンドブック https://www.bmmc.or.jp/system4/3gakkosisetsu_handbook.pdf
34	「先行事例から学ぶ 成功する公共施設マネジメント」南学(編著)・寺沢弘樹・堤洋樹・松村俊英、学陽書房、2016.10
35	上森貞行、堤洋樹:公共施設等総合管理計画における数値目標の設定に関する研究、日本建築学会計画系論文集、第81巻、第727号、pp.2011-2019、2016.09
36	上森貞行、堤洋樹:公共施設等総合管理計画の策定状況に関する調査研究、第32回建築生産シンポジウム、日本建築学会、pp. 59-66、2016.7
37	池澤龍三、堤洋樹、水出有紀、橋本直子:公共施設マネジメントの視点における学校管理諸室と開放諸室の関係性について、第32回建築生産シンポジウム、日本建築学会、pp. 67-72、2016.7
38	水出有紀、堤洋樹、内山朋貴:土木インフラ保有状況の自治体間比較に関する一考察、第32回建築生産シンポジウム、日本建築学会、pp. 73-78、2016.7
39	堤洋樹:住民参加型施設管理システムの構築に関する研究、第32回建築生産シンポジウム、日本建築学会、pp. 97-102、2016.7
40	秋葉芳、堤洋樹、水出有紀、讃岐亮:人口密度からみたインフラストラクチャーの整備状況 公共施設管理におけるインフラストラクチャーの評価手法に関する研究その1、日本建築学会大会(九州)、建築社会システム、

pp.125-126、2016.8
41　水出有紀、堤洋樹、秋葉芳、讃岐亮：インフラストラクチャーの配置予測図作成手法の検討　公共FMにお
　　けるインフラストラクチャーの評価手法に関する研究その2、日本建築学会大会（九州）、建築社会システム、
　　pp.127-128、2016.8
42　堤洋樹：住民参加による公共施設劣化報告システムの可能性、日本建築学会大会（九州）、建築社会システム、
　　pp.129-130、2016.8

著者紹介

小松幸夫（こまつ ゆきお）

1949 年	東京都生まれ
1952 〜 68 年	兵庫県西宮市に居住
1973 年	東京大学工学部建築学科卒業
1978 年	東京大学大学院工学系研究科博士課程修了（建築学専攻）・工学博士
1978 年	東京大学工学部助手
1982 年	新潟大学工学部助教授
1990 年	横浜国立大学工学部助教授
1998 年	早稲田大学理工学部教授

現在、早稲田大学創造理工学部建築学科教授
2008 年度 日本建築学会賞（論文）受賞「建物の寿命推計に関する研究」

堤洋樹（つつみ ひろき）

1972 年	埼玉県生まれ（福岡県出身）
2000 年	早稲田大学理工学部建築学科助手
2003 年	博士（工学）早稲田大学
2003 年	北九州市立大学国際環境工学部空間デザイン学科 Engineering Adviser
2006 年	九州共立大学工学部建築学科准教授
2010 年	早稲田大学理工学研究所客員講師
2011 年〜	前橋工科大学工学部建築学科准教授
2012 年〜	早稲田大学理工学研究所招聘研究員

池澤龍三（いけざわ りゅうぞう）

1963 年	高知県高知市生まれ
1987 年	千葉大学工学部建築学科卒業後、ゼネコン勤務
1990 年	佐倉市役所入所（建築営繕業務、建築確認・指導業務）
1995 年	住宅・都市整備公団派遣（都市計画業務、区画整理業務）
2007 年〜	建築指導業務と併せて FM 業務を兼務
2008 年〜	総務部管財課 FM 推進班長（副主幹）
2010 年〜	資産管理経営室 FM 推進班長（副主幹）
2012 年〜	同上主幹、教育委員会教育総務課 FM 推進担当主幹併任
	早稲田大学理工学研究所招聘研究員
2013 年	佐倉市役所退職
	前橋工科大学客員研究員（〜現在）

現在、一般財団法人建築保全センター保全技術研究所第三研究部次長
一級建築士

公共施設マネジメントのススメ
悩める地方自治体職員のために

早稲田大学理工研叢書シリーズ No.28

発行日	2017年3月5日　初版第1刷
著者	小松幸夫
	堤　洋樹
	池澤龍三
編集	都市建築編集研究所（石堂威・小田道子）
装丁	石田秀樹
イラスト	玄・ベルトー・進来
	（p8、p60、p64、p67、p69、p74、p104、p186-187）
発行人	馬場栄一
発行所	株式会社建築資料研究社
	東京都豊島区池袋2-38-2 COSMY-1 4F
	出版部　Tel. 03-3986-3239　Fax. 03-3987-3256
印刷製本	凸版印刷株式会社

ISBN978-4-86358-494-5

無断転載の禁止
本誌掲載の記事（本文、図表、イラストなど）を当社および著作権者の承諾なしに無断で転載（翻訳、複写、データベースへの入力、インターネットでの掲載など）することを禁じます。たとえ個人や家庭内の利用を目的とする場合でも著作権法違反です。

公共施設マネジメントのための参考図書

リファイン建築へ
青木茂
青木茂の全仕事／建たない時代の建築再利用術

環境に優しく、地震に強く、新築に劣らず美しく、そしてリファイン建築なら安くできる。その発想と手法のすべてを徹底紹介した、原典ともいうべき書。

B5変・200頁　定価：本体2800円＋税　ISBN978-4-87460-740-4

まちをリファインしよう
青木茂
平成の大合併を考える

進化した「リファイン建築」の発想と手法が、都市を変える！ワークショップを通して実現に至るまちづくりのプロセスを公開。

A5・232頁　定価：本体1800円＋税　ISBN978-4-87460-857-9

建築再生へ
青木茂
リファイン建築の「建築法規」正面突破作戦

法規上の問題や行政対応など、幾多の困難を乗り越えて実現したリファイン建築の事例を、詳しくプロセスを追って紹介。「設計・施工マニュアル」付き。

A5・232頁　定価：本体1800円＋税　ISBN978-4-86358-051-0

長寿命建築へ
青木茂
リファイニングのポイント

建築だって、健康で長生きがいい。青木茂による診断と施術例を、すべて公開。リファイニングにより、建築に新たな生命が吹き込まれた！

A4変・144頁　定価：本体2400円＋税　ISBN978-4-86358-181-4

上記いずれも、都市建築編集研究所（編集）／建築資料研究社（発行）

株式会社建築資料研究社 出版部　http://www2.ksknet.co.jp/book/
〒171-0014 東京都豊島区池袋 2-38-2-4F　tel. 03-3986-3239